黑心建商的告白

買屋前不看會哭的17堂課

Sway◎著

〈序〉

揭穿黑心技倆的照妖鏡

謝天仁

「房事」是大事，一般受薪階級窮其一生，可能只有一次機會，不容閃失，稍有不慎，買賣起糾紛，消費者終日煩惱；不幸的，建商倒閉，消費者仍是無殼蝸牛，不可大意。

二〇一〇年五月一日起，規定主建物、公設分別標價，但未訂定價差最小比例，對交易機制之健全，助益有限。助益較大係記載主建物比，免受公設比之誤導，卻爲媒體所忽略。而不動產交易法迄今仍在立法院冷凍櫃，完成立法程序遙遙無期，目前相關機制又不夠完整，致購屋充滿陷阱，加上消費者未請律師等專業人員協助，交易前又未做功課，受害者比比皆是，此從歷年來購屋消費申訴始終居高不下，更可窺知。

在實務上，主建物坪數不足、廣告不實……等等糾紛屢見不鮮。因此，消費者在購屋前，勤做功課，瞭解其交易陷阱，可謂至關重要。

作者將歷來發生購屋糾紛形成之原因，一一剖析，深入淺出，舉凡從建商廣告、銷售、契約、內容重點、施工偷工減料，甚至到交屋，把持管委會俾完成有瑕疵之公設點交……等等黑心建商之把戲，幾無遺漏，詳細記載。相信購屋族，只要閱讀本書，必可發現黑心建商之技倆，使其陷阱無所遁形，係消費者購屋時不可缺少之工具。

本人執業律師逾二十年，也參與消費者購屋糾紛之諮詢，與消費者面對面接觸，深感建商屢出奇招，交易陷阱多到不可勝數，消費者又老實，受廣告鼓舞下，勇往直前，消費糾紛層出不窮，亟待改善。如何幫助消費者購屋時趨吉避凶，最好方式即是將黑心建商招數破解揭露。因緣巧逢作者準備出書，詳閱所載黑心建商之招數後，深有同感，爰樂爲之序。

謝天仁

- 論衡國際法律事務所所長
- 中原大學財經法系講師
- 九二一受災戶新莊「博士的家」義務律師
- 多年來致力於消費者權益守護運動

〈序〉

購屋指南也可以這麼好看！

莊孟翰

自從進入房地產研究領域之後，也曾執筆多本提供消費者購屋置產的相關書籍，從地段區位的選擇、捷運車站周邊環境的優劣、產品類別的差異等等，當時投資房地產風氣才方起步，建築相關產業也開始蓬勃發展，買房子只要選對地點，具備應有的知識並準備好足夠的自備款，就可以放心的購買。

民國八十八年九二一大地震之後，終於全面喚起民眾關於居家安全的憂患意識，一場蘆洲大火，也讓建商與民眾徹底領悟到消防安全的重要性，而經過幾次景氣循環之後，民眾也逐漸了解到何謂優良地段、何種房屋較具保值性與增值性。

儘管如此，仍有少數建商，尤其是一案公司，不按牌理出牌的吃定消費者，稍不小心，就有人受騙吃虧。

作者對房地產業之了解頗爲深入，方能將少數害群之馬的惡劣行徑一一道出，讓更多的購屋者不受傷害，或是，學習到一些購屋置產的專業知識，而得以趨吉避凶。

閱讀這本書，首先可以了解到消費者購屋置產之盲點所在，其次，利用完整的功課，認清自己的購屋需求，進而挑選適合自己的房屋與居家環境；如果還沒有擬定好購屋計畫，當作小說來看也很有故事性。

在此，對於作者保護購屋權益的用心與努力，予以高度的肯定。

莊孟翰
．淡江大學產業經濟系副教授
．前交易安全策進會理事長
．長期研究台灣房地產、常於媒體為消費者發聲

〈自序〉

用我這張「賤嘴」，解開房地產的潘朵拉盒子

這一切都是眞的，只是加上用詞機車、極度尖酸刻薄。

還記得我寫過一家黑心建商的報導，被那家建商告「加重誹謗」，最後雖不起訴，法官卻告訴我：「雖一切都是事實，但用詞也不用那麼尖酸刻薄！」我倒是想告訴那位法官說，你不這樣寫，大家只會忽略你看到的事實，沒有共鳴、沒有警惕，黑心事件仍然會繼續出現。

所以，本書前半段的告白，我用了一個角色的扮演，寫出黑心建商所做過的所有黑心事件，讓你看完後有所感觸，如果有一家建商竟可以全部符合這樣的黑心態度，那麼這間建商是該被唾棄的。

《黑心建商的告白》這本書，要從「智邦不動產」討論社群說起。因爲

智邦網友來自四面八方，內容千奇百怪，可是我發現，大家一致想要知道的，就是「眞相」。關於價格的眞相，關於建商好壞的眞相，以及關於網友是誰的眞相。

早些年，在「智邦」常常因爲人數衆多而當機的那個時期，當時僅有這個園地，因爲台灣房地產資訊的封閉性，每天一定有看不完的發言，以及來不及回答的眞相，有時候覺得，消費者還眞是弱勢，因爲，沒人告訴你何謂眞相，一切只能聽由建商、代銷、房仲業的單方說詞。後來，網路開始蓬勃發展，各大討論區、各大房地產業者相繼成立網站，吸引各方好手，開始一一解開房地產的潘朵拉盒子，可是，那個盒子，依然頂多被掀開一點點，無法全面的看清面貌。

所以我開始寫東西，並且透過電子報的方式，讓更多的人知道眞相。因透過網路的快速散發模式，許多人注意到了，這些文章被大量轉貼，甚至有大陸網友也注意到。過了一年之久，終於被《蘋果日報》發現而報導，可是，也就只有這一家。問問其他家媒體，有人承認說：「**有看到，但不能報導，你一寫，建商就會抽起碼一個月的廣告，我們承擔不起。**」

不要緊，這些我都清楚，不是媒體沒有膽識挑戰金主的權威，那是一種無奈與對現實低頭的不得已。可是，好多人，包括建商、代銷公司、廣告商、投資客、房仲自己，卻都紛紛在「Sway房市觀測站」裡，按下「讚」、寫上「好」。

是的，批評很容易，也許你認識我，也許你曾告訴我說：「自己知道這些內幕就好，何必寫出來，讓大家難堪？」也許你又說：「寫那啥唬爛文章？根本就不眞實，不過只有一點點的人這樣做，不代表建商都是黑心的！」當我以粗淺或粗俗的文字，告訴讀者、網友一些關於房地產的知識，傳授一些如何買賣房屋的知識，把一些眞相說了出來，相信我同時也擋了很多人的財路、推掉業者的「供養」。然而我還是希望，你也能在任何地方分享關於房地產的常識，因爲我正在做拋磚引玉的事。

掏出積蓄買房子是許多小老百姓一輩子做不了幾次的大事，與其告訴你哪間房屋可以買，不如教你如何買。

如果你仍然希望黑心系列文章能夠繼續出現，請低調支持我，別幫我起底、人肉搜索，我還有不少黑心的故事可以跟你分享，否則，當我沉到太平洋底的時候，少了個「賤嘴」說說眞相，豈不可惜？

I　黑心建商的告白：17堂「建招」必修課

II 黑心建商成家日記：買屋必看實戰守則

番外篇 談科學風水

附錄 打敗黑心建商的好用工具

回家檢查一下，如果牆角、接縫、窗框很容易裂開、油漆一天到晚要補刷，
賓果，恭喜你，中獎啦！買到我們家的速成屋了！
鋼筋少二成，混凝土隨便灌，
我自己不敢住，你們卻當買到夢想屋，
等到頭髮白還得催眠自己本區地段有潛力……

世界上就是有這麼多抱著鈔票向前衝的阿呆，你說，當建商，賺錢是不是太容易！

I 黑心建商的告白：
17堂「建招」必修課

1 先別急著吃棉花糖

賺你家的錢太容易！

建商的黑心招數

如果你買屋是買「前景」，就要有心理準備是為了造福子孫、跟它比命長。報章雜誌跟電視新聞看看就好，名嘴講的要打折，什麼名人陸客投資更是不要隨意輕信。名嘴可以被收買，報章雜誌是新聞通稿改寫，教授可能會領建商顧問費！

接下來的一系列黑心建商員工告白，會讓你知道，房子是怎樣蓋出來的。

我是誰？沒錯，我是一位退役的黑心建商員工，在「改邪歸正」之前，我曾經混過建設、代銷、房仲等幾家大公司，錢沒賺到幾個，小心眼小手段倒學了不少；現在，我雖然離開了這個行業，但沒脫離太遠，以往的「本職學能」，現在的工作加減都能派上用場。

以前當建商時最討厭的「智邦不動產」找上我，要我當版主，說來好笑，當建商的時候，有想過要找人毀了這網站，用毒灌爆，因爲害我們少賺很多；可是，我竟然現世報的在當版主這沒薪水又沒油水的「屎缺」，眞是佛心來的，說贖罪太沉重，但吐露一些心聲的確挺爽。

就算現在網路方便，民衆有被教育到，但抱著鈔票「阿呆向前衝」的消費者還是不少。以前也不知道是我命好還是怎樣，人客看了房子都會喜歡，搶著買耶！可是，那些房子要我待上一天我還敢，要我睡在裡面，現在三不五時就有地震，可能整晚都睡不著。

最近景氣很熱吧，只要打開報紙就有利多的消息，哪個大陸人又來投資辦公室啦，哪間人壽又用了誰的錢去搞豪宅啦；還有，一群群大陸人來台灣看案子兼踏青，隨便來個內地C咖，只要是去走走，馬上就被報成「看好打算投資」，搞得偉大的阿陸仔新貴，個個都有著當年小日本要把美國買下來的大氣魄。

不說你不知道，以上都是我們這些黑心建商出錢做出來的新聞啦！各大報章雜誌的記者就那幾個熟面孔，三天找吃飯、五天找出國、生日送LV、買房子打六折，新聞就出來了，還源源不斷呢，你只要給得多，新聞就生得多。我老是一邊看一邊笑，這些大哥大姐還眞是舌燦蓮花，連我都差點被催眠，不買間房子等增值，眞是對不起自己。

隨便舉個例子，你就知道我有多黑。你知道房價怎麼開嗎？舉個例，我的成本價一坪二十萬元，利潤抓兩成，二十四萬元就成爲我的銷售底價。代銷業者幫我賣房子，他開價訂二十六萬元，給消費者殺個兩萬元差不多吧？錯！對公司來說，一坪還是賣二十四萬元，不過對代銷來說，一坪底價就是二十五萬元，那一萬元差價，就是分給有決定權的主管的，經過作帳，大老闆不會知道，一個案子就有好幾千萬的暗盤。

那，怎麼賣呢？我們會要求代銷，開價三十萬元，一邊放出一大堆的新聞，告訴大家說這一帶就要發了，再不買就賺不到，一群呆瓜就會來看房屋，三十萬通常殺到二十六萬就差不多，這樣公司一坪再多賺一萬元，一千人等都拿得到暗盤，我還有業績獎金可以賺，真是了不起的多贏啊！

可你也會懷疑，哪來這麼多阿呆用高一成價格買屋呢？告訴你，一個案子通常都有半數阿呆，是看了新聞來買的。那些阿莎力不貸款的好野人呆；比較窮的或是年輕夫妻要成家的，要做九成銀貸的那些上班族，更呆，送一點家電就買了！只要抓住大家想買房子的心態，樣品屋漂亮一點，排場大一點，就好賣。

當然，抓住阿呆也不是一朝一夕，每個案子在一年前就要佈局，先放出消息說誰要搞投資，然後找幾個阿陸仔來台灣觀光，喬幾個官員說要搞建設，帶記者出國看秀順便做做頂級SPA，很辛苦的。你想，不這樣做，哪來的新莊副都心、淡水新市鎮、林口、三峽這些地方的一片榮景？

有時我也挺佩服我們建商，想像力實在是台灣之冠，把荒郊野外，教育成「新市鎮的前景」、「唯一有錢景的未來」、「夢想中的城市」，鳥不拉屎的地方，買的人還很高興說住到錢途一片看好的夢想家，你看黑心建商的教育有多成功！有一個人寫了「棉花糖理論」，變成暢銷書——《先別急著吃棉花糖》，他說成功與失敗的差別，除了努力程度或是聰明與否，更重要的是你必須擁有「延遲享樂」的本事。這理論是有道理，但買房子這件事很現實，千萬別以爲你買到了「未來」、現在苦一點沒關係，別忘了，這個未來，還有十萬八千里之遙呢！

記不記得，以前大家都說，買房子要看地點，「地點、地點、地點」，現在呢？大家改口說「要買有潛力的地方」。邏輯是對的，但是，**所謂「有潛力」的現在進行式，就是現在僅有夢想，未來要看運氣，你命長就等得到。**像新莊副都心，炒了二十年了，還是一片荒地，當然現在有好一點，起碼有開發進度；不過，二十年來，有多少人在這裡煎熬、在這裡塞車，然後又合理化說服自己是住在有前景的地方，眞的是等到頭髮都白了。

還有，一堆蛋頭學者和電視名嘴的說法也很妙，本來說「泡沫、景氣循環、價格貴」，後來，全部改成「自住沒差」，一樣嘛，花錢就好，當教授可以賺「研究費、顧問費」，拿錢辦事嘛！

這幾年來的景氣循環，不但讓建商口袋滿滿，遇到天然災害更爽，正好逢低買進土地，繳一點利息就可以把土地抵押貸款出來，又有一大筆錢可以買下一塊，你說利息很重？債多不愁，銀行也不敢亂抽銀根，撐不下去對大環境都不好，景氣火車頭耶，政府也拿我們沒輒。

小市民、行政院長，你們擋不住建商賺錢的。不放土地出來給建商標？看著吧，這只會讓建商手上的地更值錢，你以為靠這招地價可以降低？不可能啦，建商只擔心，政府萬一大手筆全面開放，把國有地全部拿出來賣，每個月賣二十塊大面積土地，這樣才會讓地價下跌的。哪來這麼多地？你算算，軍用地夠多了吧，台北市郊一堆。

鬼扯蛋一堆，這些都只是黑心建商必備的黑心態度，對不在這個行業的你來說，也許不太重要，但你總會買房吧，用這種心態蓋出來的房子，連我都不敢住，你們還當成夢想宅。

接下來，套句大陸人的用語，我要告訴你，黑心建商的黑心屋，是怎麼「鍊成」的。

!!

行政院於二〇一〇年三月二日停止標售台北市國有土地，希望對於離譜的高房價能起點冷卻作用；五月宣布，建商買地後若二至三年未進行利用，國有財產局將以原價購回，則是為了遏止建商養地歪風。但政府不放土地出來，真有幫助嗎？看著吧，這只會讓建商手上的地更值錢。二〇一〇年五月十一日的《蘋果日報》報導，「建商認為若持續停標土地，無助平抑房價」。有些建案甚至邊賣邊調價呢！總之，道高一尺，魔高一丈，管它地價多少，建商就是有辦法從消費者身上賺回來。

2 超爆！蘋果橘子經濟學

看不見的黑心建材（上）

建商的黑心招數

一星期蓋一層樓的建商，就該列入黑心建商的觀察名單，先建後售的房屋不代表建商財力雄厚，可能是要搞漂亮的門面，隱藏黑心的施工過程。建材表一定要看，無字天書的合約書再厚，也要逐字看清楚，該白紙黑字的，不用客氣。

《超爆蘋果橘子經濟學》這本書很好玩，它會解釋芝加哥的性工作者哪一天生意最好、吃袋鼠肉爲何有助於拯救地球。不過我相信，如果你仔細看完你手上這本書，肯定會對於無所不用其極降低成本、增加利潤的「黑心建商經濟學」，感到更加佩服。

先來說說**鋼筋**，你知道我們黑心建商是怎樣省錢的嗎？比方說，照規定一根柱子要有二十根直、四十根橫的箍筋，黑心建商一定只用十六根直、三十根左右橫的，至少省二成，隨便算一個案子，鋼筋就可以省五百到一千萬元！有沒有看過柱子箍筋，每一圈都要有的固定環？綁鋼筋也有規定要用到多少粗鐵絲，黑心建商的做法可以省一半，沒有固定環，鐵絲隨便綁綁就好，反正，混凝土一灌就看不到，工人也做得快，省時省力又省錢，快速完工。

混凝土也一樣，大家都知道有些建商一星期蓋一層樓，沒那麼黑心的建商起碼兩個星期，超有良心的要蓋一個月！浪費時間啦，差別在哪裡？江湖一點訣說破不值錢，就一層水泥灌好後，木板的模子別拆，鋼筋水泥本來就有一定的載重量，別怕混凝土沒乾結構不穩，繼續往上搭，反正地震不會每天來，安啦。

後遺症是什麼？如果你看到家裡的牆角、接縫、窗框很容易裂開，油漆得一天到晚補，就是了，恭喜你，中獎買到黑心建商的速成屋了。建商爲了要趕時間，混凝土沒有灌實，拆模後，一定一堆洞、一堆空隙，怎麼辦，很簡單，用水泥抹一下，再上個漆，新房子亮晶晶，只要沒那麼剛好碰到地震，你根本看不出來。

翻翻廣告，**建材**都是英文名稱，反正客戶不懂，你看到的都是山寨版，外型都是模仿名牌貨。例如「和成」馬桶一顆兩千，沒那麼炫但是耐用，我用一千五的「寶格力（忘了怎麼寫，管他的，反正唸起來像名牌就好）」，比較漂亮，名稱是洋名也好聽，雖然客戶反應不太好用，便便容易附著沖不太掉，但他們還不知道的是，我用的閃亮亮的蓮蓬頭、水龍頭這些五金件，半年內一定掉烤漆，一年開始關不緊。

總之，重點是看起來「很像」德國進口的就好，牌子我們沒在管。更何況，我還沒聽過有住戶向建商要求換馬桶和水龍頭的，畢竟你都用了，怎好意思退？

還有，**大門**看起來很漂亮，但絕對不是正牌防火門，雜牌大鎖大概一年用下來就會卡卡的，如果你跟建商要防火證明，也拿得出來，不過都用錢買的，是不是眞能防火一個小時，老天爺才知道。

幹嘛要這樣做？當然是爲了省錢，別人一坪建材用三萬元，我不超過兩萬元就有了，而且一定比較漂亮，現在的人都是看漂亮就買了，黑心建商不太需要用好的建材。

油漆也挺扯，大家通常都會裝潢，反正到時候還會蓋掉，用送的隨便漆漆就好，正常一坪「兩底三度」（注）的油漆要八百元，你知道我用多少？三百元一坪！就粉光後直接噴一層，只要對著陽光，幾乎可以看到水泥的底色，萬一客戶驗屋不過，再請師傅隨便漆上一層，通常二百戶的社區，最多十戶會仔細檢查。

你問我差在哪，兩底三度的油漆，起碼用五年還漂漂亮亮的，表面光滑如少女的肌膚；我的一度漆，一年就會掉色，有陽光的地方還會褪色。如果你家有光線是斜的進光，牆就一定會有斜的色差；還有，只要站在牆邊對著看，一定不平整、有波浪，櫃子都沒法貼牆放。

廣告上油漆牌子寫ＩＣＩ得利乳膠漆，這個牌子不錯，但是也貴，一大桶五千元，我就叫工人去買一桶一千的雜牌，混一下，以前大概一桶ＩＣＩ對上二桶雜牌，後來因為師傅說不好上漆，乾了也難看，才改成一比一。雜牌漆聞了都噁心，甲醛太濃，師傅工作都要戴口罩，嗆鼻臭味要全部散掉起碼大風吹一個月。

很多建商都用**先建後售**這一招，你以爲代表建商財力雄厚、有誠意，蓋完再拿出來賣？殊不知施工中沒有客戶監督差很多，行家一看就知道偷了多少工，反正房子蓋好很漂亮，大家買得高興，皆大歡喜嘛。

注：油漆的二底三度，第一底就是先將粗糙的水泥結構面上批一次土，讓它平整，這也可以說是「粉光」；然後第一度是上底漆，就是用油漆直接上色一遍；後上第二底，因為上漆後比較看得出牆壁哪裡不平整，用批土再抹一次牆，並且用砂紙磨細，接著上第二度漆，等乾透之後再上第三層。

!!

二〇一〇年五月十六日的《TVBS》電視新聞報導，台中有位民衆，竟然買到房內藏了台電變電箱的透天厝！這個變電箱被水泥區隔起來，佔地達五、六坪大呢！雖然賣屋的仲介同意對屋主降價，但聽起來較扯的是，當這位民衆向台電反應，台電的回應是請這位先生必須先找地，並分攤變電箱遷走的費用！

家裡有變電箱，浪費地坪是一回事，如果住起來感覺差，三不五時又鬧頭痛又是胃痛問題更大！房子的管道怎麼走，美美的說明書不會告訴你，卻是和日常生活息息相關的重要問題。

3 超爆！蘋果橘子經濟學

看不見的黑心建材（下）

建商的黑心招數

化糞池很難被發現被黑心，因為太專業，也藏在地下筏基，倒是緊急發電機比較容易檢驗，只要打開機房，就可以看到你家是組合牌還是山寨牌！

前面說到的黑心步數，你已經很震撼、覺得很了不起，太佩服黑心建商的偷吃步創意了嗎？這你就小兒科了，上面說的都還只是黑心學院初級班的甄試內容而已，講給那些教授級的黑心大老們聽，真怕他們私下笑我嫩，這種程度也好拿來說嘴。有些熟朋友知道這些爆料文出自小弟手筆，來電關心，怕我哪天被灌水泥丟到太平洋，爲免萬一，我還是繼續交代完黑心學院進階班的課程，也算做點功德。

前面講的是結構，這篇我們來聊聊公設。每棟大樓都有些看不到的設施，化糞池、緊急發電機這些玩意，住戶不太會去看，這部分很好偷工。此外，不是內行人也察覺不出問題在哪裡，畢竟這部分太專業了。

化糞池，環保單位管得不嚴格，尤其在台北縣，有做就好，通常不太會檢查排放出來的水是不是完全乾淨，所以，黑心建商通常都是做個樣子，法規規定池子要做多大就做多大，只不過不見得都用得上。例如，汙水排放一共需要六個池子的步驟才會淨化，我們呢，則是只用兩個步驟，其餘四個有池，但不裝機器也沒作用，就算你看也看不出所以然，大部分管委會在點交時也都不會把所有的蓋子挖開檢查，或查看整個汙水處理過程，那很麻煩，也很臭。光是化糞池這條，就可以省上百萬元！

會不會出問題？最好期待社區住戶「肥水不落自家田」，哪天化糞槽負荷過重，爆糞或是要換機器的時候，就知道何謂幾百戶累積起來的臭了。

緊急發電機也是，平常幾乎不用，萬一停電才發動，一台好幾百萬元，有的好幾千萬元。重點來了，你有看過合約書上寫緊急發電機是用哪個牌子？肯定沒有。所以，黑心建商的技法就是，先買一台中古但有牌子的馬達，然後，其他的配件套一堆大陸貨，拼出可以用的緊急發電機。這還算黑心裡面比較有良心的，更狠一點，消防單位一檢查完，立刻把馬達換小，外殼不動，一進一出省更多，反正住戶不會拆機器，沒人查得出來。

此外，**電線**也是很好偷的一項。偷啥？法規規定，多少用電量，就要用多粗的線徑，不過用電量的設定是假設值，也就是一個社區設定二五〇KW的用電功率，通常用到一〇〇KW就了不起，所以那些藏在管子裡、牆壁內的電線，就成了黑心建商的偷料標的。別小看幾根電線沒啥了不起，光這電線規格縮一下，一整個社區成本就少一成，你說好不好賺？

接地線也是另一項小撇步。家裡的插座看起來都有個接地線的洞，通常只是做好看而已，根本沒有線接到地下，就連消防箱內的緊急用電的接地線也是。東一條西一條，這電線少的可多呢。原物料越貴，黑心建商越是能A就A。

省小錢聚沙成塔的案例還有**電梯**，從設計上就可以省，例如說同一棟樓有好幾台電梯，其中只有一部可以到達地下室，這就能不知不覺中省掉成本。這樣省還只能算小case。一般來說，售屋廣告會注明採用電梯的廠商，起碼會標示XX或同級，這電梯通常會有一台電腦控制，包含上下的優先順序與節省用電量的功能。好的建商，會配給你知名品牌電梯，以及同一品牌電梯專屬的電腦；而黑心建商，就會在「同級」這兩個字上做手腳，不但電梯用便宜牌，電腦當然不給，沒有電腦控制，頂多以後公共電費貴一點，自然有大款住戶會去買單。

這樣能偷多少錢？保守估計，一台電梯省個好幾萬。先別嗤之以鼻看不起這點小錢，你知道黑心建商都很會算也很會賺，別以為才幾萬就不用省，超過一萬元，就有省的價值。老祖宗說大富由天小富由儉，眞是一點也沒錯。

!!

你覺得化糞池被簡化淨化步驟不太可能發生嗎？看看人家有多慘！二〇〇九年三月十八日的中廣新聞和十九日的各大報通通有報，宜蘭有個「名門世家」透天厝小社區，房子底下的化糞池竟然沒有接管，住戶入住六年，六年份的屎尿，就通通「橫流」在房子的地基下，住戶天天被便便的臭味「縈繞」左右，是不是很噁心！如果縣政府沒有進行污水管線埋設工程，搞不好還不會有人發現惡臭的源頭。

不說你不知道，世界上就是有這麼扯的事，而且還不少！

4 有錢人想的跟你不一樣

房價是怎麼炒上來的？（上）

建商的黑心招數

去看預售屋一定要問二個基本題：「四樓多少錢」、以及「廣告戶多少錢」，這兩個數字透露出高聳的表價與底價的差距，底價四十萬元一坪，建商一定會開價六十萬元！附近的個案也要多去看一下，多家比較才有真相。

有一本古早以前的暢銷書《有錢人想的跟你不一樣》，這道理我老早就知道了，因為「黑心建商想的也跟你不一樣」。你看我在建築業混那麼多年，都沒混到個上市公司董監事幹幹，只能淪落到「智邦不動產」當義工，從這小小的現世報就可以知道，黑心建商腦袋裡想的，眞不是我們這種一根腸子通到底的小市民可以想像的。

房價怎麼操作呢？簡單，定價要敢。有錢人眼中的「貴」，跟小市民階級是不一樣的，比如我之前操作過的一個案子，平均底價是一坪四十萬元，我會要求代銷訂出六十萬元的表價，無論是客戶八折或七折殺價法，都在我的底價之上。

重點來了，六十萬元的表價很高吧，一定超過市場行情，你怕會被其他同業吐槽？這就是黑心建商們最可愛的地方啦，在敢開價這件事上團結無比，我相信無論你如何做功課、市場比較，**附近的個案都是開同樣的價格**，地段更好的還可能開到一坪八十、一百萬元！一段時間之後，你就會認爲這些天價都是合理的。

當然我們也會怕賣不掉，於是就叫現場的跑單小姐故意放出**廣告價**：一坪四十五萬元。你想，六十跟四十五，已經差很多了吧，降價二成五耶！在銷售現場營造出「今天用廣告價送送看，不一定會成啦，可是，你用四樓的價格就買到八樓，一定划算啦！」

好，客戶感動得痛哭流涕就買了，我還是一坪多賺五萬元。

還有一種人的錢一定要賺，那種不貸款的，或是一看就很喜歡想買的，六十萬元的開價，通常可以成交到五十萬元，只要一個百戶個案有一成是這樣的客戶，一坪多賺十萬元，好幾千萬就又賺到黑心建商的口袋。

別以爲只有高價的個案會這樣搞，低價的更是如此，一坪二十萬元可以搞到一坪二十五萬元；一坪十五萬元的就賣到十八萬元，只要周圍同業大家有志一同就好了。

你會問，開價六十萬元，如果旁邊有個案開四十萬元，不就打壞行情了嗎？放心，萬一眞的有白目建商來攪局，那個四十萬元的，一定會被其他人「下藥」，放話說曾經倒過啦、以前蓋的房子會漏水啦、老闆有緋聞啦，反正，要找出瑕疵一點也不難，講臭他就好。

聽我這樣講，你會覺得台灣的消費者眞是太不理智了？千萬別不相信，根據我多年混銷售現場的經驗，客戶比我們銷售人員更堅定的擁護黑心建商：「漏水？我應該沒這麼倒楣吧，而且跑單都說，我不是買頂樓的就不用怕，今天是特價最後一天，如果我今天買，還幫我跟銀行爭取貸到九成貸款耶，報紙都說貸款只有七成五，這麼划算當然要買啊，我想買房子已經想很久了。」

炒房價還有一項關鍵：**銷售率**一定要喊得高高的。真的兩個月就賣完嗎？你有沒有聽過那些天王藝人，發新聞罵對手買榜，對，黑心建商的銷售率，也是可以靠自己買出來的。怎麼買？很簡單，找人頭。花自己錢買嗎？當然不，那有違黑心建商的風格，錢當然全部讓銀行出。

下一篇我會告訴你黑心建商的壓箱底炒樓絕技。

5 有錢人想的跟你不一樣

房價是怎麼炒上來的？（下）

建商的黑心招數

分很多期的個案，前幾期都是要賣給投資客，你別當最後一隻老鼠！況且，好投資不代表好住好保值，廣告說最後一戶搶購要快，都是來騙的啦！

大家早知道灌業績、拉房價的手法，這是之前不景氣的時候，建商爲了求生存、從銀行撈錢所想出的妙招。找員工和人頭高價買下自己的案子，等半年差不多買到一半時，加上原本賣出的，公開財報都可以光明正大的說賣八成，營造出大賣的假象，上市公司可以藉由業績拉抬股價。不怕查，金管會要查我還有合約書給你看。這種手法，不景氣的時候發明的，現在景氣、房價都好，大家也都繼續用。

人頭買價一定高，底價四十萬元簽約價就是五十萬元，可以給客戶當證明看，也可以給銀行看。貸款嘛，五十萬元的八成價就是四十萬元，把這些房子拿去貸款等於全額貸，建商的本金跟獲利馬上全部落袋。接著，再把這些房屋放到仲介市場去賣，只要高於四十萬就出手，買方看到有人買五十萬元的合約，想房價會差到哪去？縱使成交每坪四十一萬元，我還是多賺一萬元，而買方可能還會覺得很爽，買到便宜了。

進階版，一個案子只要有三期就可以玩（事實上，建商無論如何也會想辦法分三期，反正一期一棟就好了）。第一期戶數不多、建材差、價格不高，開賣後沒幾天就開記者會宣布賣光，其實建商手裡保留一半，另一半找投資客買。那些投資客跟我們一起賺錢這麼久了，打通電話就會捧場，當然我們也賣了一些給記者，佈局。

第二期當然繼續風光開賣，價格調漲一成，這時，配合新聞的發佈，所以第一期沒買到的人，會在這時匆匆下單，**第一期下餌，第二期的魚兒才真的上鉤**。因爲第二期戶數還是不多，一個月內一定賣光。不過，我開始幫第一期的投資客轉手介紹客戶，讓他們真的賺到一些錢。這時我第一期的保留戶還是不賣，所以，投資客也賺到錢，我房價也墊高並且鞏固了，就該準備推出第三期。

第三期的地點最好，配了更好的建材，景觀也棒，面對「計畫公園」哦！房價自然再往上加一成，同樣的，找第一期的投資客買，並且狂發廣告，散戶聽到前兩期大賣，加上新聞一直在報，抱著害怕買不到的心情就進場買了，表價開高高，但只要高過第二期就成交。

你會說，哪有這麼笨的消費者？告訴你，就是有，一大堆，建商只要說，我第三期的建材用的有多好、空間有多棒，不拿來投資就自己住，況且我們還繼續在附近買地，以後房價只會更高，你看隔壁那個案子，開價比我們還高，建材也比我們差，他也是二天就賣光光（當然大家都一樣的搞法），你買不買？年輕人早買單了。

等等，建商手上那批第一期的保留戶呢？嘿，地點比較差、建材比較差，所以，房價一定比第三期便宜了，有些嫌貴又想買的人，就會想要。建商用比原本第二期公開時高一成的價格放出去，但比第三期便宜一點點，一堆人就會搶著買，這也就是爲什麼第一期要保留下來的原因，因爲更低的成本可以賣更高的價錢，比第二期更好賺啊！

結論，第一期有一半多賺二成，第二期全部再多賺一成，第三期比第一期花多一點建材費，總結還是賺一成。可別看不起這一成啊，一個個案如果總銷二十億，這一成就是兩億，還是淨利呢！高房價嘛！你想想，板橋一坪開價八十萬元，你要不要買台北市就好？南港一坪一百萬元，大安區房價該怎麼訂？所以就有人繼續喊，每坪兩百萬、三百萬元不過癮，拿出上海有多貴來證明台北的便宜。管他民怨第一名，消費者總是又怨又買，你叫記者問問那些現在買房的人，他們在想啥？

「是，房價貴，可是我需要買房結婚，而且家裡給我頭期款，我就買了，反正可以貸款，利息又低。」

「是，房價貴，可是新聞說從去年到現在房價已經漲多少，有多少人在房地產賺到第一桶金，我再不買以後更買不起，況且我也想賺這個錢，看起來很好賺。」

「是，房價貴，可是政府一定不會讓房價跌太慘，他要選票嘛，現在的房價已經有支撐了，我這時候買屋只是要自住，萬一被貴到就算了，反正我也不賣，沒有虧。」

懂了吧，再沒錢你也要吃飯，飯再貴你還是要吃，頂多吃少一點、吃遠一點，市中心房價已經每坪上百萬元了，我這裡是郊區，才開五六十啊？你買不買呢？你真不買？有記者最近寫年賺五千萬元的名主持人于美人也不敢買，可是她一年花百萬租屋喔，要是你，一定買，心想何必給房東賺那百萬元！

6 黑心建商教你讀心術（一）

神奇的關鍵字

建商的黑心招數

廣告就是要騙你來買房屋的，「ＸＸ台北」永遠不在台北，「到敦南只要九百秒」那一定是半夜三點一路綠燈才可能辦得到，廣告情境就是塑造美夢的手段，不是真實的每天會發生的事。

二〇〇九年有一本暢銷書賣得很好，叫《ＦＢＩ教你讀心術》，好炫，ＦＢＩ耶，該不會是用電話簿加榔頭這招吧。想學讀心術不用捨近求遠，還跑去ＦＢＩ學，到你家附近找幾個工地看看房子，不花一分錢，黑心建商教你的讀心術，肯定比ＦＢＩ還高竿。

什麼？你說萬一讀心術沒學到，去逛一逛就被拐刷卡下單買了房子怎麼辦？乖，看完下面幾篇再去看屋也不遲，幫你打個預防針先。

有空大家研究一下廣告，其實房地產跟日劇的「野豬妹」一樣，都是需要包裝的，因此廣告對於地產銷售而言，就是一門掌握**消費者心理**的必修功課。例如說古早前，建商說汐止是「忠孝東路轉個彎」，曾經被大家罵臭頭說黑心，但當年也因爲這句話，把遠在天邊、居住環境不太好的汐止，變成台北東區的首購天堂，想想，忠孝東路轉個彎還眞的到得了汐止，**不塞車**、**沒有紅燈**（你想有可能嗎？）十分鐘從SOGO回到家，眞是美妙，這就是廣告行銷的把戲。

還有還有，例子多得不勝枚舉，所謂「敦南商圈九百秒」的新店。九百秒的時間，抽一枝菸的時間也就到了，你想想，九百秒感覺上很短，不過，單位換算一下也要十五分鐘，眞要這樣算，不塞車飆個十五分鐘也可以到林口啊！不過，寫九百秒，感覺就近多了。果然，新店環河一帶就算生活機能不好，因爲這九百秒，也生了一堆大型造鎮案，例如赫赫有名的「天闊」、「希望之河」、「湯泉」。

「『文華苑』每坪一百八十萬元，我們這裡車程十分鐘只要半價！」，或是「大安區每坪一百萬元，中正區每坪八十萬元，新店每坪六十萬元，我們這裡只要四十萬元」，用誇張的**比價效應**告訴你，我的房子最便宜——**其實根本怎麼算都是貴**！

翻翻報紙，尤其是那份全彩又份量驚人的水果日報，從頭到尾都是滿滿的地產廣告，可別被廣告裡那神奇的話術給誆了。讓我告訴你廣告用語背後的「正解」吧：「無敵海景」是生活機能很差；「捷運生活圈」到捷運要開車或騎車，走路會很累；「XX台北」一定不在台北，而是在郊區，比如基隆或石碇。

下次，你看到廣告上有一大堆公共設施，一定要再看一下，廣告角角是不是寫著「僅供參考」、「示意圖」、「業績展示」？告訴你，十個有九個是假的，超大明亮的落地窗健身房一定是國外圖片，你家最後一定是小小間、四台跑步機、陽光透不進來的那種。游泳池？別以爲照片看起來像峇里島就相信，攝影技巧啦，透過花花草草以及角度，就可以搞成很華麗。預售更好搞，貼張五星級飯店照片就成，等到你交屋，就只有淺淺的戲水池可用，站在裡頭水裡只到肚子高。

有了美美的照片，接下來只要填入關鍵字就好，比如「五鐵共構」、「亞洲金融大計畫」、「世界級帝王安全城堡」，可別小看關鍵字的神奇魔力，**越是噁心誇張的字眼，加上那些永遠晚十年的公共建設，就會讓你覺得現在非買不可**。

最妙的是，明明是匪夷所思的行銷話術，偏偏大家都相信：「感謝二天完銷！緊急加開第二期」、「吉時開工，最後一戶地主保留」、「建築金獎最高榮譽」。

第一句，看也知道是套好的招數，本來就是一個案子，建商應是切成兩三期來操作（上一篇告訴你如何炒房價的技法還沒忘吧），寫的好像是真的緊急推出；第二句，就是快結束銷售了，趕快促銷一下，不過，才不是地主保留，是建商賣剩；第三句，哈，拿一個獎大約十五萬左右的費用，寫寫報告就有了，而且，辦獎的主辦單位希望大家來參加，附送參加者去大陸玩，十五萬買一個獎盃還送旅遊，多划算。

有時想想，房仲業也是厲害，找個美女哭一哭，說啥分手快樂單身女性要自強，就可以吸引女孩去買間套房，卻連衣櫥都不夠放；要不然，找個貌似忠良的男演員，苦哈哈啃麵包的等妳回來，吸引妳去找他買房屋……這些都沒提到產品耶，連房屋都不用介紹，你就飛奔過去買房子，眞是高明。

我經常告訴企劃人員，轉個彎、體驗一下生活，就是行銷方法。曾經有個個案「花鹿米」，利用網路行銷就很高竿，簡單的說，派出網路部隊用力在各大網站討論，尤其是「智邦」，不說自己有多好，只是在那討論來討論去，有時講講缺點，有時說說產品的好，很平常的一個討論，持續一個月，一堆網友殺過去，就賣光了！

講破嘴啥地段啦、建材啦、交易安全啦，都沒用，**情境**最重要，只要有情境，深坑也交通便利，新莊就是台北市中心，黑心建商的房屋就是你心中第一豪宅，非買不可，錯過遺憾。

二〇一〇年五月，台北縣永和有一個社區因為住戶有明星被媒體炒得沸沸揚揚，不但上報，電視新聞更是整點就報：「銀河水都」社區，不但名字取得美，傳天穎、韓瑜這些明星都是住戶。這些住戶抗議說，建商在預售時明明有說社區大樓前只會做一片美美的花圃，如今卻出爾反爾要在這塊不大的畸零地上蓋十三層大樓，因此氣得集合舉牌子抗議。

賞心悅目的花圃空地變成杵在家門口的大樓，如果你是住戶，你說氣不氣？只能提醒你，建商答應的事，都要請他們白紙黑字寫下來！

7 黑心建商教你讀心術（二）

說明書的奧義

建商的黑心招數

銷售說明書、樣品屋搞得美美的，就是要讓你忘了房子蓋得多麼有問題，有卡門就算你便宜一點，有樑就藏起來不讓你知道。

　　最近有個案場，號稱內湖最便宜、絕版的挑高四米五預售案，總價一千萬就可以買創意兩房，外觀找建築大師設計，社區內會有游泳池、三溫暖、健身房，各層樓都有一間公共設施可以用，標榜著全飯店式住宅，聽說很搶手，只剩下沒幾間。我拿了說明書一看，又是一家該起立致敬，用力學習的黑心建商。

挑高四米五，明著說就是**工業區推住宅**，以前大家會把房子登記成一般事務所，也就是登記辦公室來賣住宅，現在這個案子更妙，還不能登記辦公室，只能登記倉儲業，也就是說，他賣給你的是一間倉儲？以前有聽過賣健身房的，現在更上一層樓啦！

還有，常用的老梗，建商沒有放過，比如**雨遮**一大圈，公設比四十％，但是用不到的雨遮可是被當做室內坪數算，灌水進去你用不到的面積馬上爆增為五十％！表面上看，內湖開價四十五萬元的案子不多了，看起來很便宜，可是，實際上公設比五十％，換算回來每坪單價根本就跟一般個案一樣，眞是厲害的老梗。建商用很多設施來讓你覺得，對啊，有很多地方可以使用，跟飯店一樣，家裡可以省很多空間。

我手裡拿著說明書，回想以前，我們還做得眞誇張。有個案子花大錢買木盒，很精緻的，裡面只放一朵玫瑰跟一張邀請卡，用快遞寄到買來的客戶名單家中，感動吧！想想人家豪宅「勤美璞眞」也是用木盒，裝全部的說明書，看起來多高級。

你會看**銷售說明書**嗎？我們建商花大錢印了那一本本美麗、可以傳家的東西，十個人中卻有九個有看沒有懂，可是，卻是充滿我們黑心的奧義。現在要告訴你，有些東西不用看，有些東西一定要用力看。

漂亮的照片不用看：有一堆美麗的照片、未來前景，那是不用看的。你已經知道我們怎樣炒作新聞，那些崇高的理想和美好的未來，都是歷年不斷重複的選舉支票，而美麗的照片都是花大錢請攝影師拍的，看爽而已啦，啥開闊景觀都是屁，很多時候你都要搭直昇機才看得到，絕對不會在你家的窗外出現。

格局圖仔細看、問細節：說明書都會有格局圖，通常會搭配傢俱配置圖來跟你說明以後房子有多美、有多大，可是，你有沒有看到尺寸？百分之九十九不會放，可是在角落一定會有小小的註記「僅供參考」。現實狀況是，廚房冰箱塞不下、坐馬桶就是面壁思過、洗澡會一直打牆、臥室放了床就只能訂做小桌子、衣櫃永遠不會讓你夠用。

還有很多專業的細節不會放進說明書裡，比如管道怎樣走。有時你的臥室背後那道牆中都是水管，讓你睡覺的時候一直聽到水聲流過，之前一個案子的客戶一直抱怨，只要樓上沖馬桶、洗澡、輕輕的關門，臥室內聽得一清二楚，只因爲管子亂配，該配在浴室的跑到臥室天花板上面了。

小心門會打架：很多人根本沒看門，有時門往外開，有時門往內開，其實說明書上都是亂畫一通，誰都會覺得那是小事，可是如果走道很小呢？開門前你都要很小心，怕一開門就打倒別人。這些小細節其實都要問清楚，以後可是大大影響風水的。

教練級的停車位：地下停車場大家只知道選位子，但殊不知停車場空間規劃更重要，一大堆那種要迴車三百遍才停得下的車位，新聞也報過，說買了車位停好車卻開不了門。問題是圖都有畫，也都符合法規，所以挑停車位不只眼見爲憑，最好眞正試停看看，才知道好不好用。

大師是全套還是半套：一〇一大樓的結構是「永峻工程顧問」做的，很厲害，可是現在有很多案子也說用同級結構「顧問」——注意，「顧問」就是花幾十萬元請人家看一下圖，不是花幾百萬元請人家設計、或幾千萬元做高檔的結構施工的！

大師建築設計？你再看看有沒有小字，很多都是大師設計「門廳」、「外觀」，其他部分就找便宜的亂畫一通，賣著大師的名義，可是花不到多少錢。如果一個個案請大師全部設計，也許要上千萬元設計費，可是如果只有一個門廳或是外觀，便宜多了。

接待中心不在工地上更要看：很多人都知道建商把接待中心搞在大馬路邊，只是爲了方便賣房子，實際地點都在鳥不生蛋的地方，尤其在重劃區內。比如新莊的頭前、副都心，現在都還是一片荒地，以後你家的窗戶看出去是啥，我也不知道，看看林口的例子就知道了，棟沖、巷沖一大堆。光看圖沒有用，因爲建商會在地圖上動手腳，看起來不是沖，只是彎彎的，實際蓋好後絕對不是那麼一回事。

又貴又不能用的雨遮：雨遮可是要算坪數的！如果是具備陽台實用功能的部分，算成雨遮那還勉強可以接受；如果在牆的後面、在高窗的外面、在廁所窗戶的外面，用什麼用啊？抱歉，這都要算你家坪數的。你想想，一坪幾十萬元，建商多好賺！

台北縣三峽的北大特區是最近這一兩年建商狂炒的區段，不過即使是新穎又美麗的新成屋也有問題發生。二〇一〇年五月二十六日，《華視》新聞報導說，「爵士悅」在三峽已經蓋好兩年多，卻被民眾投訴有違建。陽台和機房的空間變成房間，雨遮則成了陽台。公平會認為這是建商規避建蔽率的手段，廣告不實罰了建商六十萬。

像這種情況，你買到的陽台當場變成了違建，就算是建商的問題，只要有人檢舉，公家單位還是有權力來開罰的！

8 黑心建商教你讀心術（三）

千萬小學堂的地產數學題

建商的黑心招數

「斜對面」、獲利多少、管理費便宜、銷售破九成、降價多少，都是黑心騙人術語，讓你忍不住多看兩眼、心癢癢的衝動購屋。別以為電視購物那套只能騙便宜貨，房地產騙更大，而且你被騙之後還會感激他咧！

這次要講數學。

《百萬小學堂》好紅，連財政部長都去上，還答對好多題，不過我眞想代表無殼蝸牛們出個題，看看部長會不會答。關於房地產有很多數學，不講你不會明白。啥？部長數學很厲害，你很會看房子？走著瞧，請接著往下看。

噹噹噹，第一題：「紅樹林站斜對面，捷運生活圈。」

有個朋友的案子，位在淡水紅樹林捷運站斜對面。站在接待中心，你真的看得到紅樹林站的屋頂，看到捷運緩緩駛入，還聽得到站裡的列車進站聲音，很棒吧，捷運宅呢！你一定會多花一成的房價買房屋。但真的走一趟，你要先往淡水方向走三分鐘才到人行道，然後等，過馬路，再往台北方向走十分鐘才到得了，所以大約一共十五分鐘可以走到捷運站，而且不包括等紅綠燈時間。斜對面耶！平常看房子的客人多是開車來的，我的廣告大刺刺寫著捷運對面，眞相是要走十五分鐘以上。這是數學題。十五分鐘，可以到很多地方買更便宜的「捷運宅」了。

接著來，第二題：「自備五十萬元，保證獲利二十五%！」

看起來是，自備款五十萬元，然後出租賺錢，獲利二十五％，這個數字會讓你覺得四年回本。這個數字太唬爛，我不會用個天價的租金讓你算出這麼高投資報酬率，做法太粗糙，很容易被客戶打槍。獲利回本，講的是回那五十萬元自備款的本，這叫做**現金報酬**，也就是你投入五十萬元，每年獲利就是十二萬五千元，也就是每月大概一萬出頭的租金收入，看起來好像還不錯。這時建商會再丟顆震撼彈，保證獲利可簽合約，這招一下，客人很容易心動。

問題出在，丟開投資報酬率，**這房子根本不值那個錢**，建商願意保證獲利，一定是開高價，你多花更多錢買了一間房屋，如果底價五百萬元，起碼一定賣你五百五十萬元，可卻只保證你第一年獲利，我只要拿出十二萬五千元的第一年租金給你，就可以賣給你。懂了嗎？建商一定賺，而且，這樣的房子地點一定不好，賣很久賣不掉才會這樣搞。

昏了沒？第三題：「社區有溫泉、泳池、接駁巴士、二十四小時警

衛，管理費每坪六十元。」

這題的重點不在公設規劃，而是**管理費**。建商一定告訴你第一年代管期間，每月每坪只要六十元，好划算啊！我告訴你，賠本生意沒人做，每坪六十元根本不夠，管委會永遠無法跟管理公司簽下六十元的合約，想要有完善的管理，起碼每坪八十元。建商怎麼做到的？一則跟管理公司長期配合，他要接案子就要犧牲獲利，等建商代管期結束，接下來要簽多少管理費，那是管委會的事。爲了低管理費，管理品質下降、不能有游泳池、沒有二十四小時警衛，房屋根本不保值了。

接下來，第四題：「感謝投資客火力全開，銷售突破九成！」

人家說，投資客來買的房屋都是炒樓，以前大家比較不明說，現在，我一定跟客戶說，本社區銷售破九成，就是因爲很多投資客來買。第一，讓你心動；第二，讓你快速下決定；第三，讓你就算不住也來投資。其實房子條件並不好，前面有醫院，後面有高架橋，格局小又不方正，我雖是先建後售，但工程期間又不讓你好好看房屋，等到交屋你就知道，沒有景觀、不夠安靜、絕對不好住，到時交屋時大家都想賣，怎麼辦？舊巨蛋（「東京巨蛋花園廣場」，板橋）賣了四年還有一堆投資客賣不掉，你以爲你賺得到錢？

還有還有，第五題來了！「每坪降價二萬元！」

現在房價高對不對？案子開價每坪四十萬元，底價三十五萬元，你嫌貴，好，我私下叫跑單降價給你一坪三十三萬元，你也許會買，看起來四十萬跟三十三萬元，殺了七萬元，砍了一成七，還不錯，不過，黑心建商會從停車位狠狠給你賺回來，行情一百二十萬元，建商咬死一個一百八十萬元，這樣我就回補六十萬元。

有個案例，房子的部分越賣越慢，但是附近老公寓多，建商很多車位可以外賣，所以，外賣的車位反而大賺錢。啥？你不想用超高價格買車位？可以啊，你不買，社區外一堆人搶著買，而且剩的不多喔，到最後你還是只能選擇要租或要買，撐到最後，這筆獲利，還是分毫不差的落進黑心建商的口袋裡。

很多人興起買屋或看屋的興致，常是受到廣告文案的吸引，再提醒一次，對於建商的用字遣詞，最好先在心裡打個折扣，例如最常見的問題就是在工業用地蓋住宅，建商卻避而不談。例如新竹的「一品大觀」社區正是蓋在複合式商業用地上，而建商在廣告中卻出現「優質住宅」等字眼，請問一般消費者又怎會去查個仔細呢？《自由時報》在二〇一〇年四月十六日報導提到，新竹地院一審判處這一家建商敗訴，不但要退還購屋價金，外加要給四分之一的懲罰性賠償。

這類例子其實不勝枚舉，就連超級豪宅都未必可靠，廣告文案寫「ＸＸ住宅」並不一定真的代表你家可以住在這區，凡事查清楚才能自保！

9 銀座媽媽桑說話術（一）

接待中心生死鬥

建商的黑心招數

跑單小姐個個都可以去購物台當天后，銷售說詞語不驚人決不罷休，天花亂墜就是要讓你相信，加上樣品屋華麗呈現最美麗的未來想像，以及讓你覺得重劃區就是美夢的開始，再端上富豪才能享用的高級點心、杯盤，讓你體驗夢想生活，管他這裡曾經是墳墓、二十年後才會發展，或住進去根本就只有一線天際。

我又要掉書袋了，不要怪我，真的是現在的出版社太有創意，每個書名都超誇張，比黑心建商還敢說，像有一本《銀座媽媽桑說話術》，你說，是不是看了書名就很想買？女人想看怎麼說話，男人想看怎麼享受，當然一下子就變成了暢銷書。

如果把黑心建商比喻爲銀座的酒店業者，讓顧客目眩神迷的硬體設備，莫過於砸重金裝潢的接待中心了。至於軟體，酒店有善解人意的媽媽桑，黑心建商也不遑多讓，你去買房子看到的那一個個美艷、端莊、賢淑、親切的房屋銷售員，業界俗稱的跑單小姐，就是讓客戶乖乖掏出鈔票的銀座媽媽桑地產版。

是的，本篇要來談談美麗又令人心動的接待中心。樣品屋怎麼做，其實在業界已經有公式，很簡單的。整片土地一千坪，先拿五百坪做一大片園藝廣場，遠遠看來就覺得很氣派。接待中心裡面，三百坪規劃爲以五星級飯店大廳爲範本的接待區，以及模型空間展示，豪華感油然而生；再拿一百坪做工學館，擺一些你永遠搞不懂、建商自己也永遠不會做的施工方式，表示黑心建商有多懂多厲害！最後用一百坪打造一間樣品屋，裡面放著你永遠的夢想：開放式超大廚房、獨立衣帽間、挑高三米六客廳、景觀大浴室，然後在上面都標著小小的「該配備為選配，可加選升等」，有什麼關係，情境嘛！

有了硬體之後，軟體就好發揮。每次一個個案開賣前，都有所謂的「銷講」，銷售前的講習，統一的告訴跑單們，你該如何賣這些房屋，說辭要統一，價格要統一，關於個案的瑕疵，也要統一口徑的「別說」，或是，該如何說。

和接待中心相同，跑單小姐介紹個案通常也有一套流程，一開始說的都是介紹環境。比如，房子在淡水新市鎮，四周還是一片荒蕪，沒有商店，沒有公車站牌，離捷運開車要十分鐘，讓你嚮往但平常空無一人的海邊開車五分鐘。

跑單小姐的說話術如下：「我跟你講喔，附近所有土地已經被建商搶購一空，你看旁邊是蓋『帝寶』的建商買的，後面是台灣推案第一大的『寶佳』、『麗寶』幫買的，馬上就會推出，現在我們越早買越便宜（四周明明一片荒蕪）。住宅區就是要安靜啊，四大便利商店早就跟我們談合作要進駐，還有三大超市也想進來，聽說會到前面那個社區（目前沒有商店）；來這裡就是要享受寧靜，你住市區早就被公車燻臭了，尤其是一大早，你還在睡，公車就嘶嘶叫，吵死了，又危險，小孩過馬路安全第一啦，出門自己開車很方便，不用等又不用曬太陽（其實是沒有公車站牌）；捷運站旁邊又吵又亂，而且房價是這裡的三倍（因為明明離很遠）！你想想，一年搭不到幾次捷運，不用貴在那裡啊，不如把錢省下來買大點的室內空間，或是拿來裝潢多好，或者也可以換部進口車讓自己爽一下。如果小朋友要搭捷運，有整點接駁公車超方便（公車到捷運站十分鐘，還不知道會不會停駛）。你看看，現在站在高一點點的樓層，就可以看到海耶，這裡是台北最棒的景觀住宅，如果想玩水根本不用跟人家在那邊塞車。前面有其他建商的土地，別怕，聽說他們五年後才會蓋，等到他要蓋，你就賣，還可賺一大筆錢（到海邊開車要五分鐘，夏天要走過去會中暑吧）。」

以前我還在建築業的時候就覺得，接待中心待久了，眞是很容易自我感覺良好，鳥不拉屎的地方，從跑單小姐口中講出來，就變成安靜、方便、有海景、價格便宜的豪宅。

再來建材篇，明明就是石英磚、一般鋁門窗、中國製衛浴、國產牌瓦斯爐。建商會找做過「帝寶」某一戶室內設計的設計師來搞樣品屋，馬上變身：**帝寶級裝潢**！公設，只有冷水戲水池（不夠深也不夠長，建照上登記的是戲水池）、一點花草園藝、幾部跑步機，建商再找「涵碧樓」的設計師，搞成**涵碧樓級會館**！天曉得，極簡風就是啥都沒有，釘幾片大陸來的木頭搭配漂亮的花瓶，「涵碧樓」用的是頂級柚木，建商就用爛木加油漆仿出來，反正接待中心遲早會拆，山寨版情境一下就好。

等到你逛樣品屋看到目眩神迷後，跑單小姐帶你回接待桌，送上冰涼飲料配上高級杯具（一個都要一千元以上的進口杯），還有可口的蛋糕（以前是亞尼克，現在只用85度C），繼續施展媽媽桑說話術，讓你相信六百萬元就有你看過的樣品屋！可以買間三十坪的當作渡假用，現在每個月只要付六千元！三年後還有機會增值二成！

如果你牽拖沒有太多自備款，簡單啦，這早就教過跑單了：「你用這個優惠價買，我幫你偷偷爭取九成純銀行貸款，還可以含裝潢，那個銀行經理我們熟，不過，你不能跟別人說，房價也不能說出去，我已經優惠你了哦，要不然會被查，你現在拿卡出來刷訂金，還可以累積信用卡點數呢！」

要是都談成這樣，客戶還是不上當怎麼辦？別急，你忘了黑心建商都有創造新聞的好功力嗎？今天新聞又出來了：「某集團在淡水要搞國際級渡假村」、「三重幫淡水土地橫掃七萬坪」，接著，跑單就會馬上打給你，用偷偷摸摸的音量說：「ㄟ，今天新聞出來了，偷聽到公司說這個月底要漲價，我偷偷幫你保留，要不然就被賣光了。」哈哈哈，明天你一定馬上跑來簽約。

內湖的「台北光點」，被住戶抗議公設和廣告呈現的美侖美奐顯然有落差。二〇一〇年六月八日同時有好幾家媒體以不少篇幅報導這個糾紛，例如建商強打的「施華洛世奇水晶燈」，住戶發揮柯南精神真的去問，卻發現人家沒有生產這款燈；英式書房、水晶光廊、交誼廳、空中溫泉泳池皆屬於可被強制拆除的違建；還有防水工程有瑕疵導致漏水。

以這個案例來說，雖然建商有載明「公設是免費贈與住戶」，但法官認為公設當然會影響房價，判建商必須打九七折退購屋款給住戶，而且需負責修繕費用。

10 銀座媽媽桑說話術（二）

她的跑單獎金決定你的房價

建商的黑心招數

當跑單偷偷跟你說：「七樓比較好」、「這個機械車位比平面好啦」、「今天公司大降價」，你就要小心，為了獎金，很多跑單不擇手段讓你相信，這戶一定比那戶好，這個停車位你非買不可！

業界俗話說，跑單是現實的，哪裡有房屋賣、哪裡有獎金賺，她們就去哪裡。跑單小姐用盡一切手段，就是要把房屋推銷給你，哪怕是有漏過水的，棟距近到跟鄰房可以握手的，或是根本沒開窗的，甚至我看過最厲害的，連正在漏水的房子也可以賣得掉。

「先生你好，來看房子嗎？住附近嗎？帶你來看一下模型……」

任何客戶上門，小姐們輪流接待，根據順序表來排隊，這是個公平的販賣原則，畢竟每個客戶都是平均三萬元的廣告費換來，尤其現在房價很貴，眞正會買房屋的人少，有的案場連看房的人都少，於是，生死鬥出現。

客戶上門了，跑單小珍衝去接待，這是今天開工五小時來的第一組，眞是彌足珍貴的客人啊！站在門口眼睛開始上下掃射：國產車沒洗過，嗯，大概很吝嗇也沒錢；男的腳上皮鞋沒擦、女的手上還掛著便宜包、臉上沒化妝，嗯，可能住附近只是來看看。結論，這對夫妻只是好奇，剛下班經過。小珍於是對客戶說：「我們只有大坪數，三千萬元起跳，而且要先預約才可以看屋，以免打擾其他看屋的貴賓。那，你們要不要留個電話，我再跟你們約時間看屋呢？」客人心裡面肯定一肚子大便，不管，小珍還回頭跟大家講：「他們只是來問路的啦，不算，等一下還是我接客人哦！」

隨便查「智邦不動產」網站，一堆這種客訴。但如果你是跑單，一個案場有十位銷售人員，等五小時才有一組客戶，也就不難理解跑單小姐爲何這麼機車了。

客戶又上門了，這回當然還是小珍衝出去接待。開進口車，好；穿名牌休閒服，好，接待。經過一番講解後，客戶對B棟八樓很感興趣，小珍帶客戶去看樣品屋，同時給了現場專案一個眼色：「是條肥羊，宰來吃吧！」所以，當小珍熱情的為客戶講解樣品屋格局陳設時，銷售中心馬上多了一組「假客人」，邊看邊讚不絕口，也說因為風水關係，想買八樓，先製造八樓奇貨可居的假象。帶看完畢回到座位上，先讓客人簽下訂單，付個一萬元的小訂，啥合約書、廣告單，都先給客人帶回去參考，避免客人有趕鴨子硬上架的感覺。

這個月，因為A棟不好賣，剩很多，B棟因為格局較好賣很快，於是專案下達：「凡賣A棟者，每一戶多三萬元獎金！」小珍隔天打給那位訂購B棟八樓的客戶說：「先生，跟你說B棟八樓賣掉了，因為建商回收不賣了，眞是對不起，而且，B棟八樓有格局上的缺點，主臥室多了一根柱子很不好用。如果你一定要買八樓我再跟建商喬一下，但是價格可能比較不好談，因為八樓都很好賣，要不，我去搶A棟八樓，格局差不多，總價還低五萬元，

房產小常識

關於接待中心現場，你要知道的是……

一個代銷個案有專案、副專、以及業務跑單組成，專案與副專通常不直接接客人，領的是公司發的固定薪水，一個月三～五萬元，年終時再由公司依業績貢獻發年終獎金。跑單靠獎金賺得比專案多，尤其賣得越快的個案，跑單的獎金就越高。

有幾個名詞不妨了解一下。首先是**櫃檯稅**，業界相傳這個制度是「新聯陽廣告」發明的，不過無從考據，但現在多家廣告代銷都如此沿用。跑單的獎金，可以分**個別獎金**跟**團體獎金**，每個案場規定不同，賣一戶房屋，獎金假設十萬元，分成五萬元的個別獎金和五萬元的團體獎金，個別獎金就由賣掉房屋的那個業務自己收下，團體獎金，就滾入整個月、所有人一起賣房屋的獎金總和，再依現場人數分獎金。

所以，櫃檯稅的方式，就是把團體獎金中，先抽三成給專案，並由他支配給公司人員，接著，專案以一～一．五個人頭計算，副專以○．五～一個人頭計算，分享團體獎金。跑單的薪水獎金，屬於廣告預算內，而專案的薪水，屬於代銷公司開銷。也就是說，跑單的業績對專案或副專的收入，有直接性的影響，團隊感容易塑造，各司其職。

有的案場，獎金全部都以團體獎金計算，意即縱使我一戶也沒賣，還是可以分到一樣的獎金。好處是所有的業務大家會一起努力，一起賺，壞處就是有人還是會偷懶，或是有人的程度差，只會當拖油瓶。因此有些案場，就會利用高額個別獎金來刺激競爭，會賣的人就賺得多，沒賣的人就自然淘汰。

案場有個規定，房屋的底價只有專案知道，藉以控管房價的高低。所以，業務人員不會完全知道哪一間房屋的底價賣多少，大家只拿到表價表，然後藉由每次的成交，去猜測房屋底價是哪裡。所以，跑單為了要成交賺獎金，就要跟專案套交情、賣風情，因為，如果成交價格高於底價，就有溢價款，可以用在下次成交價格低於底價的補不足，至於可不可以補，權力在專案與代銷公司手上。

聽說訂的客戶想退，可以試試看。」

其實A棟跟B棟八樓格局一樣，柱子眞的有差一點點，但B棟景觀好，A棟正對以後會改建的矮房子，小珍給客人的報價本來就還有幾十萬元的價差，如果客人買B棟，公司多賺五十萬元，轉買A棟，公司賺四十五萬元，小珍卻多賺三萬元，她才不管這兩間的景觀有沒有差，反正客人也不知道差在哪！

於是，以爲馬上省五萬元的客人，隔天跑來簽約，全場工作人員熱烈掌聲，小珍還說服客人用公司的設計師，因爲設計師有給一戶三萬元的介紹獎金，算一算，賣這一戶至少可賺十萬元！

還有，本來算在房屋總價內，買就送十萬元全套電器用品，可是，小珍說：「因爲換到A棟，總價已經算你便宜了，如果加買一個大停車位，公司就可以把十萬元的家電送給你，今天才有，反正你本來也想買車位吧？」對啊，客人本來只想買個地下三樓的小車位就好，可是，大小車位差二十萬元，又可以補十萬元的家電，算起來等於多花十萬由小換大，還不錯。

實際上呢，因爲大車位不好賣，大家都想買小車位就好，公司同樣有獎勵：「賣大車位者，一個多五千元獎金！」

如果你要買屋，這個案子本來就有十萬元家電，不要家電的就可以殺價十萬元，買小車位本來就可以多省二十萬元，本來房價還沒殺你就至少省三十萬，但誰叫你一臉渴望買房子、渴望買八樓、跟跑單臭屁講你是電子新貴有發股票，跑單不宰你宰誰？

11 你家的保存期限只有十年

預售屋監工的眉角

建商的黑心招數

如果你買了預售屋，不管是不是要自己住，監工是一定要的，隨時進出你買的那個單位看看，也要偷偷溜到別的樓層去比較，有沒有人在看，工人可是會大小眼看著施工的。

房地產和一般的商品不一樣，從付訂金的那一刻開始，購屋人就開始在腦子裡規劃起未來的新家——先等等，在施工期這一兩年期間，你除了跟設計師討價還價商量日後夢想家的長相，記得還有件攸關住戶權益的工作不可不做，就是監工。

關於監工，有個名詞叫做「**先建後售**」，有些看似大方的建商，預售屋隨便賣賣，接待中心隨便搭搭，有人來買愛理不理，跑單小姐還會跟你撂狠話說：「這家建商實力雄厚不缺錢啦，本來就打算先建後售，預售屋只是隨便賣賣，等蓋好以後漲價才會賺更多，你現在買一定賺到了。」好有實力的建商耶，拿自己的錢出來蓋房子，應該沒有問題吧，有沒有很心動？

這裡面有個迷思，建商蓋房，跟老百姓買房是一樣的，都可以拿到七成或甚至更多的建築融資，而且，房子一開始蓋，建築融資就會撥下來。換句話說，賣預售屋等於是建商在籌頭期款，市區豪宅案，土地貴得要死，住戶挑得要命，每項成本都高，當然預售屋能越快撈回現金越好。**會先建後售的案子，通常土地成本低**，像林口、三峽這些地方，很多建商都用這種模式推案，但這其中的問題就在於，先建後售，過程你無法參與，施工過程的好壞，無法眼見爲憑。

如果你看到的工地，工人都有穿制服，不在工地隨便抽菸吃檳榔喝酒，連吃飯都會集中某一處，那我告訴你，施工時連看都不用看，因爲連這種細節都管理嚴格，施工品質差不到哪裡去。可是，這樣的工地很少，有良心的建商還是少數，以我的經驗來說，大部分的工人一定打赤膊、喝阿比（維士比）加咖啡，菸跟檳榔不離手，菸蒂、檳榔渣甚至大小便，都隨便吐在你家地上，然後用水泥灌起來。先別噁心，這在工地很常見，甚至連擦屁股的衛生紙也一起埋了。

重點來囉，監工怎麼看？當你買了一間預售屋，等建商的**施工圖**畫好，你就去找工地主任影印，起碼也要印出你那一間房屋的施工部分。

一、鋼筋。你就依著圖，看他有沒有好好綁，有多少根鋼筋，鋼筋與鋼筋之間有沒有乖乖的做保護膠圈。這些講起來太專業，正在綁鋼筋時怕危險也不太會讓你全程參與、或是讓你在工地隨便走動，只能盡量看，對著圖看就是了。要注意的是窗戶，通常在四個角落都會綁上斜向的兩層鋼筋，這樣萬一地震比較不會裂開，現在比較少人偷工這個，萬一被發現要敲掉重做很麻煩，所以做是一定會做，但黑心或不黑心的差別就在於只做一層或照規矩做兩層。

二、灌漿。通常綁完鋼筋、釘完模板後就是灌漿。照理說，會先檢查有沒有乾淨再灌，比如有沒有菸蒂啦、菸盒啦，曾經有個案子就被客戶抓到有這兩樣東西，而且還有手套呢，建商只好敲掉粉刷層再整一整。

混凝土灌漿的時候，有坍度測試，簡單說，灌漿的水泥太乾不好灌，有時會多加點水，但水摻太多會導致結構不牢，因此每一車的水泥會做強度測試，你看到工地有一個像小圓桶的儀器，必要的時候就要做測驗，看水泥可以承受多少壓力與重量，可以要求建商做給你看。

三、裝修。結構看完了，開始進行裝修層了。通常這時候建商比較願意讓你進來看，坦白說也比較不危險，但建商最不想讓你看清楚的有以下幾點，切記多留意：**防水**是最重要的一環，好的建商在窗戶、浴室、廚房，都會重重的漆上防水漆，比較好的會做「一底兩度」，也就是刷兩次防水漆，連浴室整間都會做防水；比較差的就隨便漆一次就好，浴室防水也只做浴缸或是淋浴間這兩個小區域，省錢省時嘛！

四、水電。接著，請再拿出你的平面圖，這個階段要講的是水電開關位置。普通的案子都是師傅都隨便配一配，反正牆角有就算數。監工的重點在於，**你要想像交屋後房子的規劃**，哪裡需要多幾個開關、插座、電話出線口、電視出線口、網路出線口。水的管線也是，哪裡要用水、冷氣室內機擺的位置要有排水口，仔細一個一個盯著，以後裝潢就少很多事。重做要挖開牆壁甚至動到樑柱，監工時不仔細改好，以後你只好自己挖地板、鋸牆壁了。最重要的是，要盯著工人別亂倒水泥水，排水管萬一塞住很麻煩，要把地板牆壁敲開來重換。

五、水泥施作。地板要平大家懂，比如拋光石英磚好了，粗粗的結構面上，清潔乾淨後，打雷射看有沒有平，先倒水泥漿，鋪一層乾水泥砂，用木尺掃平，澆上水泥漿，一塊塊貼，鋪一塊就用水平尺量平整面，用木槌敲緊每一塊，等乾，填溝縫，完成。黑心建商不會做得這麼細，水平尺隨便量，鋪起來是歪的，溝縫也隨便上，盯不仔細，吃虧的是你自己。

接著，油漆也是，監工的時候發現牆壁不平、顏色不均的狀況，就要馬上告訴師傅，也順便檢查油漆有沒有不同品牌混合用，或是牆上有死蒼蠅不清掉直接漆上油漆。

六、建材等級。最後，也是最重要的，記得要核對**建材品牌**。多數的客戶都會趕在交屋前向建商借屋裝潢，如果監工沒有很仔細很有把握，不太建議這麼做，因爲只要交屋一簽名，建商的瑕疵跟偷工都沒有責任啦。建材上的偷工大多源自建商的文字遊戲，你看合約書就知道，比如窗戶用「ＹＫＫ、中華、或同級品」，那個同級品就是爛牌，去對價格就知道，日本來的ＹＫＫ一定比較貴，你抓到，就可以跟建商吵，看是找補或換新都好。

我總是覺得納悶，大家買菜都會精打細算，幾十元都要省，買電器也會多家比較，連上網買一九九的小背心價格都要比，可買房子幾百幾千萬元，九成客戶都是隨便看看就簽約、交屋，這麼好騙，難怪黑心建商賺不完啊！

!!

工人把手套、便當盒通通灌進水泥裡，聽起來很噁心嗎？其實在工地並算不少見，這裡就有一個活生生的例子：台北縣泰山有一棟住宅大樓，除了有陽台外推變違建、漏水這種屢見不鮮的問題，二〇一〇年六月五日《ＴＶＢＳ》電視新聞報導，這棟房子的樑上還真的出現工人遺落的手套！不想自己辛苦血汗錢白白送給建商又受氣，就勤勞點，施工期間多去監工吧！

12 黑道商學院

建商大戰管委會

建商的黑心招數

別隨便相信建商的話，記得保留當初銷售的所有東西，包括廣告、樣品屋照片，以及記下銷售小姐的說詞，答應過的就要建商拿出來，免得因為賣太好就隨便呼攏。想了解建商交屋時是不是有好好點交，加入管理委員會的行列是好方法，時間花不了多少，卻是了解真相的唯一方法。

大家都知道，房子蓋好、交屋後，建商最重要的工作，就是跟住戶組成的管委會點交公設項目，啥是公設呢？除了健身房、游泳池這些看得到的東西，還包含看不到的化糞池、發電機等，要注意的是，往往看不到的，才是眞正將來得花大錢的項目。

以前的購屋客很好呼攏，只要把看得到的地方都弄得美美的，對管理委員、住戶都客客氣氣的，一定能如期交差了事。最近這幾年，拜網路所賜，一堆網友在專業網站上PO「開箱文」，教大家點交的專業知識，要死了，客戶越來越懂，不懂的也會知道要花一點錢請專業的人來點交，所以以往形式意義隨便搞搞的公設點交，現在反而變成住戶與建商的大鬥法。

最近有位做專案的朋友，就被管委會搞得很慘，本來以爲這批客戶年輕不懂，應該很好點交，騙一騙就過了，沒想到他們找專業的公司來點交公設。那些人當然是搞過營建的人，對我們建商的把戲很清楚，包括水管該怎樣規劃跟施工，接地線要如何施作，還找出了最新法規的改變，用很高標準的方式來檢查公共設施。

前面我講那麼多，如果你都還記得就會知道，黑心建商那兩手騙騙小老百姓還可以，專家一來就露餡了，可是，你以爲找幾個專業槍手上場，黑心建商就會沒招了、就甘願花大錢幫你修好？

錯，都這麼有佛心，黑心建商還賺啥？

碰到點交出問題，黑心建商的第一招就是「拖」，能拖多久拖多久，最好是拖到下一屆管理委員，搞不好有機會脫身。

每次跟管委會開會，建商代表態度肯定非常誠懇，說詞也大同小異：「公司正在研擬如何回饋管委會方案，你們把你們的需求提出來，**開個公文寄給我**，這樣公司才好根據白紙黑字，清楚的給你們交代。」你知道建商本來就養了一堆法務和律師，擺著也是擺著，寫寫公文花不了多少錢，但管委會的成員就不同了，小老百姓平常都要忙自己的事，哪有時間寫公文、搞法律？

用法律手段卸責，我有實例。例如住戶要在頂樓加一個曬衣架，沒多少錢嘛，但建商一定會用拖的，到最後就會跟管委會說：「我們很願意處理，不過，你們最好出個頂樓同意書，表示管委會跟頂樓住戶都同意我加曬衣架，要不然，打擾到頂樓的住戶不太好。」其實，黑心建商蓋的頂樓本來就很會漏水，只要管委會及住戶簽了這張條子，萬一漏水，建商就可以賴在他們身上說：「都是你們要做的喔，漏水很正常啊！」用曬衣架換修漏水，眞是因小失大的絕佳個案。

另一個例子，社區游泳池初點沒過，理由只是瓷磚貼得不好，說會割到小朋友的手。建商一方面隨便修修，同時策動另一些想省水錢、省救生員錢的住戶，發動他們提案把游泳池塡起來當作沙坑給小朋友玩沙就好，這樣一來，連游泳池和那套過濾機器以後出問題要維修的成本都免啦！

以前預售屋銷售時，怕房屋賣不掉，文宣上寫了「配置社區專屬巴士，往來捷運超方便」，很多建商交屋時會撥個幾十萬元打發了事，不過，刁鑽的管委會就懂得向消基會、台北縣政府工務局告官，理由是，建商只打算給一台小客車的錢，不是那個二十一人座巴士的錢！嘖嘖，一台巴士要近三百萬元，跟那種幾十萬的兩光休旅車可是差很大。很多建商會用拖字訣，找了律師發函給管委會，總之拖到判決下來要給再給，省點利息也爽。

大事可以拖，小事要馬上辦！尤其是那些平常愛串門子的家庭主婦更是得伺候好，這些婆媽只要打電話來抱怨，好比因爲熱漲冷縮油漆會裂開，建商一定第一時間派工粉刷補漆，地磚因爲地震裂開，馬上換一塊，婆婆媽媽都會說，這家建商好極了！反倒去怪罪管理委員，對建商太嚴苛了。

黑心建商對付管委會的手法，也差不多都有公式可循，通常管委會成立以後，現場專案就開始分成兩組，一組是交好組，專門跟管理委員打哈哈外加奉承阿諛、你家缺啥我就幫你處理，比如油漆髒了馬上重新刷；另一組，專門交惡，就是找那種個性比較奇怪、比較衝動、比較自私的住戶，跟他們交好，一樣是打哈哈外加阿諛奉承、你家有缺啥我也幫你處理，不同的是，專案會灌輸這些人，預謀推翻現有管理委員會。

正常的管理委員多半管制鞋櫃、鐵窗、機車等，管到社區美美的，建商就會教另一組人，門口擺鞋櫃、亂放機車、到處省錢，反正，方便、省管理費大家都愛，只要是跟管理委員訂出來的規定不一樣就好。

管委會要買冰箱？不准！要花錢，這麼有錢乾脆少交點管理費。管委會要管制機車進出社區？不准！太麻煩了，我想方便亂停，而且我可能有阿姨隨時要來我家玩，怎可以管制呢？公共空間不准擺鞋櫃？不可以！我家不夠大，鞋櫃當然要擺外面了，怎可以放進來，你別找我麻煩。

這樣要幹嘛呢？分化啊，削弱了管委會，讓住戶不團結，就不會槍口一致對建商啦，你想，只要公設順利點交，黑心建商就可以省數百數千萬元，花點小錢搞陰謀破壞，何樂而不爲？

前面提到我朋友當專案的那個社區，後來就是這樣搞的，跟管委會的某一個委員交好，私下用一些理由給他錢，名義通常都是「面積找補」，反正花的也不多，就十幾萬元，但那個委員只要一開會就這裡反對那裡反對，管委會有啥意見他都反對到底，還成功的讓委員會吵架、彼此不信任。管委會彼此不信任，大家點交就無力，只要撐過一年，推建商佈線好的人幹主委，一切大事化小，順利賺到黑心錢。

你可能會想，哪有住戶這麼笨，事情想那麼淺，拿一點點錢卻做了些缺德的事？告訴你，就有那麼笨的住戶，只想到現在可以拿好處，且想：「沒這麼倒楣被查到吧。」一個社區一定有幾個自私的人，只要抓緊這幾個自私鬼，一切就搞定。而且現在很多人失業，藉由這樣賺一點生活費，大家都愛啊！

位在板橋市的「家麒文化」因為之前推案時請到志玲姐姐代言，形象大大加分，大有北縣豪宅的氣勢，但交屋兩年多，最近卻上鬧新聞。住戶抗議建商收了管理費卻不成立管委會，並認為公設出問題建商的改善有限，因此在二〇一〇年五月二十五日拉海報、開記者會，和建商吵翻天。根據《聯合報》報導，如今台北縣政府工務局和消保官已介入處理，但住戶和建商的協調，想必還有很多努力空間呢！

13 ㄚ雞師偷呷步

黑心建商宰肥羊7大絕招

建商的黑心招數

看起來越吸引人，就一定有問題，哪有人保證獲利？賠錢的事沒人做，記住，羊毛一定出在羊身上，建商蓋房屋、賣房子就是要賺大錢，不是要做公益的。

我好崇拜名廚阿基師，他出的《阿基師偷呷步》賣得好內容又實用，我都嘛買回家偷偷學，當我拿起鍋鏟佩服起阿基師那些方便的小撇步的時候，不禁想起黑心建商界也有不少厲害的「ㄚ雞師」，硬是有辦法偷呷步，從消費者身上多剝好幾層皮下來。

你以為區段不好，房子難賣，建商就賺不到錢？錯了！黑心建商的偷呷步，就像廣告上寫的「自備十萬買三房」，只要能吸引那些很想買又不懂的消費者，幾個招式耍下來，荷包還是賺得滿滿滿。

絕招一：第二本合約。建商跟銀行談好，比如這一帶的房屋，銀行評估有每坪二十萬元的價值，如果實際成交價一坪十六萬元，建商會另外再簽一本合約書，成交價格寫一坪二十萬元，八成的純銀貸就是一坪十六萬元，簡直就是變相的「百分之百純銀貸」。

不過這種操作手法，建商會跟客人收五%的自備款用來支付廣告費用，再回饋給客人五%的銀貸金額買傢俱做裝潢，還有家電，這樣，沒有自備款的你一定很心動，管他網路上一堆人說這房屋有多爛、多黑心，你還是照買不誤。

銀行又不是笨蛋，哪有說超貸就超貸的？告訴你，本地銀行可能比較保守，但外地銀行搶業績就搶得兇了，通常我會找三家外地的銀行輪流做，這樣銀行的總行也不會懷疑，分行的經理也能做到業績，大家各取所需。而找外地銀行的目的，就是因為他們對行情不熟，隨便找幾家估價公司出個報告就行，反正現在房屋開價都很高，建商可以跟銀行唬爛說客戶太喜歡，用原價完全不打折來買屋。

絕招二：買房送裝潢。你以為買實品屋的裝潢是賺到？建商真該頒個「惠我良多」的牌匾給你！假設一坪裝潢成本一萬元，建商一定賣你二萬元，反正這些都在貸款裡面，再苦口婆心的勸客人，自己搞裝潢多麻煩啊，現在一卡皮箱就可以搬進去住。就這樣，假設三十坪一戶，建商就多賺三十萬元，室內設計師還有紅包一戶三萬元，那種動輒數百戶的造鎮社區，你算算能多賺多少！

絕招三：車位高價法。這是專門用來對付奧客的招數。有那種超精明的網友，做足了功課，行情抓很準，一出價就到建商的底價，假如建商想快速回收現金當然要賣，為了補回沒賺夠的部分，就把腦筋動到車位上，假如一個一百萬元，我一定要賣一百二十萬元，因為大部分住戶一定會買車位，而且只此一家別無分號，賣房屋沒賺到的，就從車位賺回來！

絕招四：公設比拉回。當客人越來越利害，價格、坪數都要一把抓，這時公設就是個好用的工具了，反正大家的公設比都早已經飆破三十％，輸人不輸陣，就算原本大概算出來只有二十五％而已，也還是硬登記成三十％，差個五％有多好賺！而且這還沒法殺價，你想想，總價八百萬元，五％就四十萬元了，每賣一間建商多賺四十萬元，你殺得贏他？

絶招五：雨遮賺坪數。下雨天總要個雨遮來遮遮雨吧，現在大樓都不能裝鐵窗，建商直接把窗戶、外觀都給來一圈雨遮，不但可以登記坪數，而且還跟陽台一樣算成主建物賣給你，價格貴但你看得到用不到，最厲害的是還可以當成分母來讓公設比變低，算一算，通常一戶都可以讓建商多個五％的利潤空間。

絶招六：一％不找補。這招大家用的比較多，你翻翻預售的合約書，一定有寫這條，坪數誤差在一％之內互不找補。不多嘛，一％，客廳面寬四米的一％不過只是四公分，差一點點你大概都不會介意，不過，偷個一％工程款算來也是一大筆錢，如果是「帝寶」這種等級的高總價個案，一％可也有個兩三百萬元呢！（二〇一〇年起，關於找補已有新規定，請見八十九頁。）

絶招七：保險賺回扣。只要有貸款，銀行就會要求你保火險跟地震險，這是強制險，你一定要保，建商也一定會幫你辦到好，雖然現在一年一保，不過大部分的人都不會留意，反正每年繳錢就對了。每辦一戶，回扣大約保費的二成，一戶大概都要一萬元以上的保費，二成就是二千元，不多嘛，但算算一百戶就是二十萬元。承辦人員A這條小的，拿去杜拜旅遊住帆船飯店多爽啊！

如果你買的房子有上述問題，但心裡還是這樣想：「我沒有現金啊，人家建商願意這樣做已經不錯了，幫我超貸耶，還幫我做裝潢，很方便呢，下雨天有雨遮也很棒啊，還可以放花盆，這建商不錯不錯！」

你說，黑心建商是不是該頒個獎給你、爲你拍手！

內政部規定所有建商在二〇一〇年五月起，必須採用新版的「預售屋買賣定型化契約」，其中和舊版最關鍵的不同就是必須將主建物、陽台、雨遮、公設等清楚標明分開計價，還有把之前「房屋面積誤差在百分之一以內互不找補」改為要求「有誤差就互相找補」。

但是建商們真的會乖乖照做嗎？《中國時報》報導，五月中旬台北市消保官去抽查，發現十家建商有七家不合格。而台北縣的狀況更離譜，《聯合報》報導，被縣府抽查的十八個個案竟沒有一個照新規定將主建物和附屬建物分開計價。隨便抽就不合格，你說這些建商皮不皮？

14 散戶勝經

半個專家最好騙

要當稱職的黑心建商，做戲得做全套，買房子的客人就算被宰還會心存感激，建商要騙的不光是不懂又衝動的消費者，還包括自以為懂一些的半瓶水。如果你所謂的做功課，只是上上「mobil01」、「智邦不動產」這些網站

建商的黑心招數

聽完建商全部的說明後，記得要自己找一遍資料、打一遍電話，例如建商說「附近電塔一定會拆」，你最好打個電話去問問台電，有沒有這樣的計畫。政府說的話也別太相信，看到工程款撥下來才算數，比如機場捷運線的計畫，除非你命夠長，否則十年前早就說要通車了。

打打屁留留言，你絕對不會是建商的對手。但也別沮喪，做對功課上天堂，做錯功課住套房，如果你眞能搞懂小弟想在《黑心建商的告白》中傳達的訊息，我那些建商朋友們，就只得改行當仲介賣中古屋賺價差了。

舉例來說，很多人說買房子靠的是衝動，當你看到美到不行的樣品屋，一心陶醉在未來夢想家的情境中乖乖下訂單，這是黑心建商的功力；可是，如果這個房屋的地點，是你從小長大、熟悉的地方，知道以前地是爛泥巴、曾經死過人、房屋被燒過、長輩說這裡古早是墳墓區、附近的高壓電塔說要拆已經十年了還沒動作、計畫道路或是捷運永遠還是「計畫」，你是不是會清醒一半？

是的，建商包裝術第一招就是**美化建案地點**，讓你覺得這裡有非買不可的錢景跟錢途，目的是爲了讓你覺得，縱使現在買貴了，以後也一定會發。你看新聞有說，這裡以後會不得了，連政府機關都打算搬過來，貴一點沒關係，買要買在開發前！你去觀察一下就不難發現，新的重劃區推出的房屋，前幾個一定「搶購一空」；舊的重劃區推案，還是「搶購一空」；老舊市區就更別說，有蓋新大樓也一定「搶購一空」。問題是，哪來這麼多人搶購啦？你阿呆也不用這麼徹底，有前景，建商的親朋好友不會自己買啊？哪輪得到你！

所以，當你精得一如這一區的土地公，隔條巷子有消防隊、有急診室、以前是墳墓，這些你都很瞭，也根本就不會買了，大家功課都做那麼精，黑心建商的公司就可以準備收一收了。

第二，許多半個專家很喜歡看建材、打聽口碑，這裡面也有陷阱。所有使用的建材都在**建材表**上，密密麻麻的你大概不會看完，一堆看起來高級華麗的建材，讓你用高高價格買下，建商就可以賺到高於一般利潤的附加價值。但如果每一項建材你都深入了解，建商要騙人就沒那麼簡單了。例如，拋光石英磚大家都用，可是眉角在於**品牌**，大陸來的跟台灣做的，等級就是有差；六十公分見方的就是比八十公分見方便宜；**施工方式**，軟底施工就是比隨便亂鋪來得耐久。這些如果你會跟建商據理力爭，姑且不論房價，起碼對花大錢買下的品質多一分保障。

前面幾篇我用過的一個例子，馬桶。「和成」看起來沒那麼高檔，可是比啥「寶格力」來得堅固耐用，黑心建商最喜歡用看起來像舶來品的牌子，其實都是同門師兄弟大陸或台灣黑心工廠的貨，「和成」起碼是老字號不亂搞。這些基本建材你說不值幾個錢、不是房屋的重點，搞不好裝潢時還會打掉，但見微知著，小地方代表建商的用心程度！連看得到的地方都隨便搞，那些看不到的地方，你還敢抱多大的期待？

所以，當你去查了所有的建材品項，就會知道建商是不是用黑心牌子來騙，甚至還要你花錢加價買下這些黑心升級配備，大家都會做功課由小看大，黑心建商的公司又可以準備收一收了。

第三個，**建商口碑**大家都知道要查，就像汽車商幹嘛召回問題車，因為要做口碑啊，有瑕疵主動回收，這家公司就值得再給他次機會，反正台灣人最好講話了。建商怎建立口碑？你想想，每年十大建商都有份，到處蓋房子，蓋到有名氣，一直拿金石獎、金質獎、國家品質獎啥的，這樣夠讓你衝動了吧。

但別忘了，有好口碑也會有壞紀錄，房子漏水偷工減料，你勤上網查，建商很容易露餡，怎麼辦？簡單，請槍手到處在各網站寫東西、吐口水打筆戰，寫到你不信網友爆料為止，至於《壹週刊》、《蘋果日報》的投訴爆料你也不見得看得到；還有更釜底抽薪的，直接公司名稱換一換，你要找也找不到。

所以，如果你功課做得夠仔細，查到你想買房的建商有那些分公司、換了啥新名，那種一天到晚被爆料換名字的建商，你根本就不買，大家都這樣，恭喜，又會少一家黑心建商。

第四，**多比價就清醒**。至於價格，之前提過的開價拉高法，這你已經懂了，聯合旁邊其他的建商一起拉高價的手段，你也看過了；可是，你忘了去比較中古屋，你沒去比較相同價格可以在哪裡買，你大概不知道，這樣一比下來，汐止居然跟板橋一樣價格，內湖區跟中正區並駕齊驅，南港早就迎頭趕上大安區，至於新莊貴過三重、板橋新板特區貴過台北市中心，這樣的比較，你大概會知道有些地方貴到不合理。

不動產估價法則雖難，但是大致上的觀念是：**中古屋比新成屋便宜個六至八折，是合理的**，你買新成屋的時候，有沒有比過附近中古屋的成交行情？房子是會老的，新房屋住個幾年就是中古屋了，價格都要打折。

這句話我講了四次，如果你比了價格，高貴到雲端的預售屋、新成屋你根本就不買了，你瞧，幹掉一家黑心建商的滋味有多美妙。

!!

施工或設計不良後果可大可小，最可怕的是危害生命安全！舉例來說，熱水器裝設不當導致一氧化碳中毒的新聞時有所聞，但你可能沒注意到，二〇〇三年七月十六日，台北縣永和市恆豐大樓發生過三死七傷的集體中毒案例，二〇一〇年四月四日的《蘋果日報》有報喔：「檢方調查發現，恆豐大廈的浴廁排氣設計，並沒有依照規定設置通風設備及區隔，卻利用大廈四樓至九樓的管道間充作排風管道，一氧化碳沒有辦法正常排出，反循管道間流竄，將設計恆豐大廈的建築師林長勳、監造人王申志，依業務過失致死罪起訴。」

15 黑心建商的投資羅盤（一）

都更錢怎麼賺？

建商的黑心招數

想投資都更屋，賺到一定比例就一定要放手，勸你別當釘子戶，以免在賺到更多錢之前，還要小心回家路上發生不測，不論都更公司、建商、仲介們，看起來是那麼的和藹可親、有多麼正人君子，都是表象。

大家都在談都市更新，都想要買黃金地段的舊房子，然後趁機狠狠撈建商一票。別傻了，黑心建商哪有這麼好呼攏的！記不記得上次有個投資客被黑道殺手一槍斃命？花個一兩百萬請個大陸殺手，總比付黑心投資客一兩億划算。

建商佈局都更買老房子，首要原則就是低調，不能讓大家知道建商在收，以免房價暴漲。因此，建商大多找人頭當投資客，一間一間的收，通常一棟公寓在兩年內大概可以透過正常管道買到兩間，如果接下來就有屋主死也不肯賣，怎麼辦？很簡單，手段可多了，比如，建商買了四樓一間投資客的房屋，就眞的找人去住，一方面掩人耳目，以免收購提前曝光；另一方面，萬一樓下三樓買不下來，屋主不願意賣，黑心建商就會叫人半夜開party、找吸毒的朋友去喝酒鬧事，總之當個惡鄰居。通常，上下樓層有小孩的，馬上就想要搬家了，這時讓仲介去敲門，說有人想買，通常就能順利承接。

若是碰到釘子戶不搬？放心，黑心建商還有招，用灌的，在馬桶三不五時倒油、丟衛生棉、抹布，沒多久水管就會出問題，碰到颱風還會倒灌，首當其衝的二樓就會想搬家，又給建商買到一戶。

頂樓也一樣，半夜請人倒鹽酸，一點一點的讓他漏水，反正老房子本來就會漏水，仲介再三不五時的去找屋主拜訪，嫌麻煩的通常都會賣房。

到現在爲止，講的都是正常交易，沒有多花錢收購，而且建商買了都會找人出租，賺點租金，也不讓外界察覺有人要收購。雖然如此，但一樓最麻煩，通常做生意的都不願意亂搬家。沒問題，多弄些蟑螂老鼠來，找環保單位來稽查，找工務局來拆違建，作餐飲的很容易就被趕走。

這樣一兩年過去，如果還是有人很牛不搬家，就找黑道囉，第一步當然是恐嚇，在樓梯間「XXX欠債還錢啦」假裝討債，管他有沒有欠錢，半夜去敲門嚇人，再僞裝找錯人，一個星期去嚇一次，持續一個月，效果就有了。

不過黑心建商畢竟不是黑道，也都怕事情太複雜把警察給引來，收購起來更麻煩，所以大多還是用幾組投資客、幾組破壞客，軟硬兼施的滲透，碰到難搞的就出絕招，把排水管封了、把自來水管弄爆了、把電線剪掉、找人把牆拆了假裝重新裝潢、不繳管理費、亂丟垃圾，把一棟樓搞得亂七八糟，都更本來就是烏龜比氣長，拖得久成功機會就高。

所以，如果你住的是老公寓，有臨馬路，一看就很像黑心建商會流口水的標的，哪天看到有人在搞破壞，告訴你，有五成以上可能性是建商想整合重建。唯一破解之道是，**裝監視器、聯絡警察、放出消息說有建商想收購改建，所有住戶團結，才有可能逼建商上談判桌，高價收購。**

!!

你以為為了買地、買房拿槍把人家「砰砰！」是香港電影情節嗎？讓我來幫你恢復一下記憶：台北市忠孝東路的正義國宅附近，地段棒吧，二〇〇九年二月，各大電視新聞都報很大，有一名投資客當街被槍擊，結果多年來投入鉅資收購正義國宅的龍聯建設負責人被檢方起訴，原因是檢方認定這起凶殺案和正義國宅的改建收購糾紛有關，被害人正是住戶代表。

利益牽扯越大，什麼你想像不到的手段都會出現！

16 黑心建商的投資羅盤（二）

一山還有一山黑

建商的黑心招數

少部分的媒體是由建商長期供養的，你所看到的新聞有一半是後來加工過，有時候新聞說了個利多，不一定是利多；有時候名嘴說了個利空，也不一定是利空。記者跟名嘴也是人，這就像你要不要聽股票名嘴喊多喊空？何時下手請自行判斷。

自從小弟在「智邦不動產」上連載《黑心建商的告白》，被水果日報寫了大大一篇以後，一堆朋友打來虧說最近很紅哦，其中有一位朋友操盤今年賣得最好、最黑心，啊，說錯了，是最「點石成金」的新北市重劃區個案，打來跟我哭訴，說他被「黑」了，問我的黑心建商系列能不能幫他主持公道。眞是萬萬沒想到，連黑心建商也有被黑的一天，簡直就是強中自有強中手，一山還有一山黑。

故事是這樣的，原本黑心建商賣一間房屋給某大名嘴，想請她幫忙寫寫好話，造造勢。一年前黑心建商賣她頂樓一坪三十一萬元，比黃金八樓還便宜，就是打算少賺點錢，用這個價差換取置入性行銷廣告，一年以來，效果還眞不錯，不管是報紙還是電視，都在講此個案有多成功，地點前景有多看好。

建商心想：這投資還挺划算，就算那戶頂樓少賺一點，早就從其他投資客手裡賺回來，用低價攏絡名嘴，還眞比花大錢上廣告還好用。

這個案子還有二期、三期，也都賣得很好，乘勝追擊，房價越來越高，代銷一拉就是五次的漲價，爽咧！大家合作愉快，以前也有其他建商朋友便宜賣房子給那傢伙，換來同樣是高調的宣傳，名嘴很好用啦！

不過最近政府利用新聞輿論打壓房市，這些專賣投資客的黑心建商就緊張了，一堆客戶開始觀望，本來一次買十戶的，改成下一戶，偏偏在這時候，那位名嘴要賣屋了，建商想，她找仲介賣不就得了？不過仲介要收四％服務費，這位名嘴連這條也想賺，竟直接叫建商幫她賣，還說一坪一定要賣三十八萬元以上。有沒有搞錯啊，建商的平均行情也才賣三十五萬元，這不是明擺著要建商把她的房子直接吃下來！

算一算，才一年就價差兩百萬元，建商如果不買單，名嘴也許開始放話：「哎呀，房價高，現在應該居安思危啦，暫時別進場購屋，尤其是那些只有未來沒有現在的重劃區。」

這麼一來，她的房子還是可以賺，只是少賺而已，建商卻要賠上後面幾塊土地、好幾期開發案的風險。建商只好直接買單。於是，名嘴馬上見風轉舵說：「房價高，要買的話只建議買有未來前景的重劃區地點。」哇咧，有沒有付「保護費」，說法真的差很大！

黑心建商眞不好當，不管景不景氣，都得花大錢養名嘴媒體，爲了百億元大案的計畫，幾百萬元，小錢啦，不過就是打幾波報紙稿的預算，就當買個保險，建商可不想得罪名嘴大人，她的嘴跟筆可厲害，養她等於教育消費者，一年才幾百萬元，你想想，找個顧問也得花同樣的錢。

你就別發牢騷了，我勸那位黑心建商朋友，學學那些有錢的媒體大亨們，乾脆去買個媒體來玩，利人又利己，黑心版圖勢必更上一層樓。

17 雲端策略

大家都愛蓋豪宅

建商的黑心招數

豪宅，不是用喊的，也不是用廣告自吹自擂的，你有看過勞力士打廣告說：「我們是富豪專屬的」「我們是最尊貴的」？沒有嘛！房子也是，自己說自己是豪宅的，那肯定不是豪宅。記住，豪宅一定要配合地段或是稀有景觀，沒有這兩個條件的房屋，不配叫豪宅。

《雲端策略》這本書其實在談ＩＴ生態與技術的改變，不過書中的一句文案用在房產業也很貼切：「藍海利基難尋！雲海商機浩瀚！」不同的是，對建商來說，「造雲」就是造夢造排場，打造那些高高在上、讓口袋不夠深的你連銷售中心都不好意思踏進去的豪宅！

豪宅怎蓋的？問我就對了。啥？你問我有沒有蓋過豪宅？有囉，絕對有！你看我那幾棟業績介紹，哪個外觀不像豪宅？坪數不夠大你可以買合併戶我幫你搞大，這就是豪宅啦！

給你一句眞言：**搞定外觀就是豪宅**，這麼簡單？簡單啦，你只要翻翻《住展雜誌》，上上網查一下，看看別人怎搞，選個喜歡的外觀，抄一下就好。就給他全棟石材、巨石列柱。

建商都會這樣對外說：這棟豪宅所用的石材，來自巴西的某一個礦區的幾百噸原石，我們找了好幾年終於發現這一批前所未有的美麗石材，保證獨一無二，原石運回台灣並經過切割精心打磨，拼出中庭的地板、牆面，絕對奢華！

眞會編，建商自己去找石頭，有沒有這麼勤奮啊！實際的狀況是，這幾年大陸到處都在賣價格便宜的次級石材，對建商來說，看得到的室內牆面，就找漂亮一點的；像騎樓或外觀，就用大陸的，文案寫點故事添油加醋，到巴西找石頭的經典就出來了。

建築外觀很重要，一定找有名的大牌建築師設計，但跟石材一樣，也是只有外觀，當場省下好幾百萬的設計費。大師設計外觀，再找沒名氣的小建築師幫忙送照，馬上可以省一半。裡面就更簡單了，大廳就抄抄「涵碧樓」、「麗池酒店」、「東方文華飯店」，只要哪裡有新奢華飯店就去抄襲，「涵碧樓」已被其他建商依樣畫葫蘆，抄到爛就是一個例子。

營建品質呢？以前沒有的就先搞第一棟出來，第二棟就隨便一點，反正有第一棟的品質打廣告。第一棟怎搞？簡單，找個有業績的日本營造廠商，例如那家XX匠來掛「顧問」。我有朋友眞的找日本人來蓋，搞得人仰馬翻，日本人不但龜毛還花了不少錢；後來學乖了，找個顧問就好，反正掛名簡單，花的錢又少。當然，地點眞的好的案子，就眞的找日本人來蓋，反正豪宅賣價高，很好賺。地點不好的，就找已經有知名度的營造廠，比如「大陸工程」跟「潤泰營造」，通通灌在廣告中，這樣第一級建商的口碑，也都可以拿來加持。

同樣的，結構技師我找「一〇一大樓」的，燈光設計找「遠企飯店」的，園藝我找「帝寶」的，公共設施就找「信義富邦」的。

好的豪宅要有好的管理，那更簡單，一樣，又是找「信義富邦」、「帝寶」等級的管理公司就好，反正都是客戶以後要買單的，建商好賣最重要，萬一管理費太貴，我就貼補一些，反正當廣告費。

講來講去，豪宅眞正要的「地段」、「聚落」呢？不用提啦，地點偏一點的就叫做「區域豪宅」，地點好一點的就是「正豪宅地段」，地點不好不壞的，就各憑創意。如果在台北市大安區，管他巷子只有六米，沒有任何景觀，我一定「大隱隱於市」、「藏峰」、「官巷」，醫院對面就是「養身住宅」，山坡地上就是「人間仙境」，淡水河邊的就是「無敵海景」。

重點就是，要如何賣。

一個一千坪的基地，接待中心就會有二百坪，其他八百坪當作停車場跟大花園再做點噱頭，早些年，像「信義富邦」去越南買幾噸的白沙，鋪出高爾夫球果嶺，去感動這些有錢人。對，就是排場。越難賣的越要有排場，有的案子搞成生態花園，走一圈好像逛植物園；有的接待中心外觀科技前衛，像太空基地——**這些花大錢搞出來的排場，跟未來的大樓一·點·關·係·都·沒·有。**

二百坪的接待中心（其實應該說四百坪，因爲起碼蓋二層），有些就搞三層樓，一樓當作接待區，二樓就是一間間包廂跟樣品屋。樣品屋不用說，我還是那招，找做過「帝寶」、「信義之星」的設計師操刀。

軟體方面呢，當銷售人員端上「V&B」的杯子、「Alessi」的茶壺，咖啡有MENU讓你現點大師現煮，旁邊附上「Godiva」的巧克力、「青木定治」的馬卡龍小圓餅，一旁還有專業老師彈奏上千萬元的「貝森朵夫」鋼琴，建商的用心，你有沒有被感動？有沒有？

還沒感動？好，找「登琪爾」的芳療師預約按摩，搞個景觀溫泉池讓你預約泡湯，找「Gucci」來做新裝發表會，找「法拉利」來做新車展示，樣品屋內的沙發都是你在雜誌看過的設計師品牌，燈具都是「Fendi」，上百萬一個，電視一定是一百吋液晶，夠華麗了吧！

至於格局空間，眞的是隨便畫畫就好，反正會買豪宅的，到時一定會花大錢找設計師做客變；建材也是，找「麗舍」、「楠弘」調些高檔品牌擺一擺，這些都是選配，客人不一定要，萬一眞的喜歡，恭喜了，建商又可以海賺一票。

台灣多數的豪宅，就這樣誕生了。

【番外篇】

投資客的都更夢

關於投資客，我沒幹過。簡單說，當初如果我轉當投資客，混得好，那現在早就身價上億，也不需要在這邊跟你閒嗑牙分享這些雕蟲小技；混得不好，恐怕負債上億到處跑路也說不定。

接下來要講的，是關於一個成功投資客的故事，他從自備一百萬元現金，買下人生第一棟房子之後，就開始職業投資客的生涯，巔峰時期手上有五百戶房子，最慘也賠過上億，在投資客這行，也算得上出類拔萃了。且來看看他的發跡傳奇和投資原則。

靠房產炒出發達路

以下是投資客跟我聊天的實況，眞是一刻也不得閒——等等，我回個電話，「告訴那個屋主，我出一千二百萬元，可以現在就過去簽約，高於這個價格一毛錢我就不要，知道嗎?」等一下，電話又來了，「好，那我五分鐘過去簽約，合約書用你們的就可以，仲介費一樣哦，〇・五%，別亂寫一通，好啦，我知道你們別人都收二%，少囉唆。」

這是投資客Simon的生活寫照。他剛買下一間四十年的老公寓，頂樓有加蓋，算一下單價一坪要四十萬元，貴，可是，位在東區，旁邊又有臨馬路，有改建的價値，等改建的同時，又可以租給上班族收租金，算一下投報率還有六%，一舉多得，單價貴也無妨，因爲有頂樓加蓋，租金很好賺，現在啊，這種房屋不多了，那個房仲說才剛接三天，問自住客都嫌貴，投資客接手最適合了。

Simon做房地產投資十幾年，他人生的第一間房，是間總價五百萬元的新成屋套房，當時大家都在笑，說花個五百萬只買間套房，賺不回來啦！那時也不懂，覺得應該先買一間自己住，而且，找市中心交通方便的，對上班族來說很需要，就算是套房也沒關係，弄舒服一點，以後想轉手應該沒有問題。

就這樣，新成屋因爲不需要太多裝潢，買點傢俱就可以住。不過，那時Simon用了點功，請設計師朋友用便宜價格買下好看的傢俱，一整個就有五星級飯店的FU，除了雙人床、整面崁入式大衣櫃、大書桌，衛浴也有開窗，客廳則放一張大紅皮沙發，紅酒架放在小小L型廚房的旁邊，雖然室內只有十坪大，但卻有飯店行政套房的水準。

Simon說，當初原本只想當個雅痞，沒想到，人生的第一間房子，誤打誤撞做對了房地產投資的基本原則，也改變了他以後的人生。

地點最重要，套房走到SOGO只要五分鐘，交通便利。高樓層有開闊景觀。邊間，所以廁所有開窗。有個小陽台，可以曬衣服，擺上兩張高椅子，可以傍晚喝酒把妹用。音響，Simon當時已經懂得把電線藏在櫃子裡，對玩音響的人來說，要抽換發燒線也很方便。

住了半年，有一天拿到仲介的傳單：「免費估價」。Simon就想，反正免費估估看無妨，沒想到，估完價隔天，仲介打電話來說，有個做股票的經紀人，想要七百萬元含裝潢家具買下這裡。哈，七百萬元耶！Simon買這間房子五百萬元，裝潢一百萬元左右，半年居然可以賺一百萬元！最後，成交價格七百五十萬元，賺一百五十萬元，扣掉一些稅款跟仲介費用，手上多了二百萬元現金，淨投資報酬，二倍。

投資客對決菜籃族

因爲第一間房屋很順利，讓Simon的副業越做越大，這期間有大賺也有大賠，可是過去的風險概念不夠，差點要潛逃大陸，現在比較保守了，安全下車最重要。

從Simon的案例來看，投資首重好脫手，地點對了、裝潢對了，房屋本身瑕疵少，又有善心照顧，就容易吸引喜愛的客戶上門。這間房屋的重點，就是可以給人幻想舒適生活。所以，比一般裝潢的房屋更容易脫手，如果找到那種忙碌又沒時間的人，住半年等於是全新的裝潢，絕對可以加分。

風險就是，如果當初買入價格過高，不見得可以賺得到錢，反而容易套牢，賣點的運氣很重要，也許是當初股票正在上升段，該客戶有賺到錢，並且聞到房價逐漸上漲的趨勢，所以可以在半年內賺到二百萬元。請留意，賺這個錢是碰運氣，不是技巧。

前面提到投資客Simon的發達之路，現在一堆投資客都買老房子，肖想賺那種翻倍的都更財，眞有那麼好賺？我們來看看Simon是怎麼操作的。

Simon說，有好多投資客，卡住幾千萬、上億元的資金，只爲不知何時會實現的都市更新美夢，一卡好多年都沒著落，只好便宜出租，換點現金繳繳房貸，先別說房子有沒有賺錢，算算拿租金還房貸，一點也不划算。

Simon的做法比較簡單，就是不貪心，如果買到手是符合市價的舊公寓，就加一點錢趕快賣掉。地段好的，就買來放著，最好是有租約、沒有裝潢、馬路第二排的那種，而且，一定是四樓公寓，改建機會比較大。Simon說，他最近反而在看海砂屋或地震屋，因爲房子有問題，要更新比較快，起碼大家都有共識要重建。

說起來，專業投資客懂得管控風險，跑的速度快，那些菜籃族用買股票精神來買房子的，才可怕！別說不專業，簡直就是亂喊價一通，買一間一千萬元的老公寓，就想賺個五千萬、一億元，把老房子當作聯發科、宏達電來炒。

這些不缺錢的菜籃族還眞厲害，房子買了之後，不是空著，就是隨便租人，市價租兩萬的她租一萬八，對她們來說租掉就好，但根本就打亂市場行情。Simon說他做房地產那麼多年，第一次挫敗就是這些不按牌理出牌的菜籃族。

Simon的都更SOP（標準作業程序）比較簡單，買了老公寓之後先重新裝潢，用了最簡單的木作跟油漆，乾乾淨淨出租賺貸款錢。如果附近有辦公商圈，就隔成大套房，大概十五坪左右做出一房一廳的格局，附上乾濕分離的浴室，這樣就很好出租。地點好的用出租來長期持有，不亂降租金，投資報酬都有五%以上，一邊賺小錢，一邊等都更。

光這樣還不夠，重點是Simon跟幾家專做改建的建商都很熟，知道哪家建商在何處佈局，Simon才會去收，這就是專業投資客和菜籃族投資客的最大差別。現在他收的房子快要完成更新，有建商準備簽約、翻新，你知道他等這一天有多久嗎？今年第五年！預估再兩年才能拆除動工，興建兩年，一共九年呢！到時看市場行情，行情好就直接賣給建商，行情不好留著自己住。

不過要提醒你，別隨便押寶都更，被迫出場的人一堆呢！

買海砂屋要三思：

雖然本文的主角Simon會買海砂屋藉此賺一票，但還是得再次提醒，這種錢不是都能順利賺得到！雖然二〇一〇年五月台北市政府宣佈，海砂屋重建可以獲得容積獎勵和拆遷補助，但如果你以為整合所有住戶改建會因此容易很多，那就錯了，海砂屋有些情況不嚴重的，只需補強就可以繼續住人，不是非拆不可。下手之前，得先打聽清楚，免得投資不成還多了一筆錢被套死。

II

世界上有沒有100分的房子？當然有囉，我買不起。
但只要做好功課，就算碰不了豪宅，買到不會後悔的好宅並不難！

本章集合了本人看過上千棟房子的功力，
把精華都教給你：看屋的順序、細節和重點。
不要怕仲介或帶看小姐嫌你「機車」，
除非你錢太多，否則「挑得嚴、看得細、不怕煩」，
絕對是買房子最基本的原則！

黑心建商成家日記：

買屋必看實戰守則

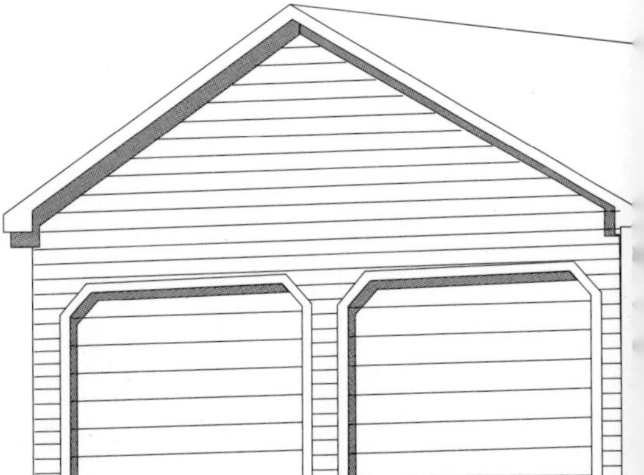

1

買房靠衝動，還有發夢

寫了那麼多，看了很多年房子，很多朋友都說，講得那麼專業，你一定有辦法打敗黑心建商，買到好房子，我也要跟著你買。

雖然在建築業打滾多年，買房子的經驗也還好，不算多，但起碼先前幫家人買過三間房，到現在都是保值、不漏水、安居樂業；第四間就是我自己家。

「哈哈哈，原來你也不過就是白老鼠啊，照你買的時機，豈不套在最高點，還以爲你有多厲害咧。」朋友當時嘲笑我。

我的回應更妙了：「眞正讓我下買房決定的原因，是我老媽的一個夢。她睡前看到一隻狗跑來找她，當晚就夢到抱著一隻很肥的老鼠，隔天就狂Call我說，這是吉兆，一定要趕快買房子。等到我簽完約、交完屋、入厝後，她又夢到了有人在一堆雞之中，送了隻很肥的公雞，她就說，幸虧你聽我的，買了這棟房子，一定會發。」

如果買房子眞的靠我老媽發夢就可以搞定，前面那一大段黑心建商的告白也就不用看了。說實在，眞正興起買屋念頭是一年來的事，跟房價會不會漲無關。這期間找了多家房仲、代銷，怎麼看都有問題，建商爛、格局差、沒景觀、鄰居惡等毛病不一而足。更神奇的還有一次，仲介帶我去看間中古屋，才走到門口腳就突然痛起來，害我一拐一拐的爬上樓，結果沒三分鐘就看完，注定這房子與我無緣。

說也奇怪，只要看房子前發生胸悶、感冒、睡過頭、迷路找不到這些怪症頭，看的房屋一定不好，當我看到現在住的這棟房子時，剛好我老媽耳提面命說她有「感應」，再者房屋位址雖在我不熟悉的地方，但看屋過程竟然沒有迷路，一切順利，冥冥之中就有感覺，我找到了。

到了現場，代銷帶我看了間投資客轉售的新成屋，無論座向、採光、樓高、格局，甚至陽台大小，都符合我的需要，雖然知道房價當時仍居高不下，再等一等，每坪有三萬元議價空間，但還是牙一咬就買了。敲一下算盤，投資客一坪賺二萬元，代銷拿二十萬元的仲介費，我呢，買到一間我想要的房。

有沒有分析環境？有，車程比原來住的地方多十五分鐘。有沒有分析建商等級？有，普通建商，雖不是「智邦不動產」有名的那幾家，但不黑心。市場調查？也有，附近的個案都看過也做了功課，大致沒有問題。價格呢？唉，你要知道男人買房就跟女人買包是一樣道理，很容易失去理智的。

簡單來說，**我不買預售，不買今年度十大建商，不買工業住宅，不買一般事務所，不買挑高產品，不買已經陽台外推的房屋**。接下來後面幾篇，要告訴各位我挑房子的心法，以及買屋之後，管委會要如何跟建商打交道、爭取權益。

2
算一算，豪宅離你有多遠？

想買房子了？很多網友上網、來信發問，都是問哪個地區好、哪家建商的房子可以買，不過，在此還是要先告訴你，該如何著手第一步，免得到處看房屋看得高興之後，卻還是不知道自己的本錢有多少、該如何開始買房子。

一、你手上有多少購屋現金？

這是我會問你的第一個問題。這個現金不是指你戶頭有多少錢，我們說現金三分法，就是三分之一消費、三分之一儲蓄、三分之一付房貸。所以，為了讓你不會因為買了房子就變成屋奴，我要先告訴你該如何抓現金概念。當然，這是針對首次購屋的人，如果你財務分配得當，積蓄多，是百大富豪，可以跳過這段先。

先抓出你的每月生活所需。基本上，我會抓**半年**的生活費用，也就是如果沒有收入、被開除，你手上起碼有半年的錢可以支用，這是比較不保守的方式；如果你保守些，我會建議你抓一年的生活費用，因為現在好工作比較不容易找。要注意，所謂每月生活所需，包含所有開銷、保險、醫療準備、交通等等費用，所以假如你的每月開銷是三萬元，那麼半年就是十八萬元。

接著，找出你可以動用的錢，如果有一百萬元存款，這裡面包括你打算贖回的基金、可以隨時賣的股票、有個富爸爸贊助，當然如果你有定存也是可以解約，只是會犧牲利息，手上多留點現金畢竟是好的。

一百萬元扣除十八萬元的半年生活準備，你還有八十二萬元，這就是你的自備款。這個自備款，除了支付房屋二成的頭期款，還有裝潢、家電、代書費等稅金準備。通常，裝潢家電等會佔大約房屋總價的一成，所以，你可以抓**總價三成**當作你的數字概念。

八十二萬元等於總價的三成，也就是你的購屋能力為二百七十三萬元。這是銀行貸款八成的總價，所以，你就可以找總價二百七十三萬元的房屋。粗算一下，自備款為五十四萬多，裝潢跟家電有二十七萬元，每月房貸本息平均攤還為一萬出頭。

看了這個數字，很多年輕人都會大大的嘆一口氣，有了一百萬元的存款好像還不賴，可是總價二百七十三萬元現在可以買啥房屋？地點會有多偏？是的，現實很殘酷，你花了這八十二萬元的房款後，手上只剩下十八萬元，那二十七萬元的裝潢頂多買一點櫃子、買台電視小冰箱就沒有了，不過，已經可以買市郊的中古套房，做個溫馨小窩。

買房屋千萬別逞強，也別以為買房屋一定會賺錢，更別以為你未來會賺更多、可以支付更多的房貸，一定要以保守的態度面對，屋奴的新聞你不是沒看過，景氣不好的時候，被法拍的房屋每個月都在增加，一旦被斷頭，代表連頭期款的那一點本錢都賠進去，划不來。

二、現實上怎麼評估購屋門檻？

接著，我教你該如何回推購屋門檻。

幻想一下，你未來五年的人生。結婚？要不要有孩子？這讓你決定最少要買幾房的格局。如果因為要結婚而買房，夫妻兩人需要一間當臥室、一間當書房，那你的基本就是兩房格局。小孩通常在出生之後、上小學之前都還能跟父母住，兩房的彈性，確保即便未來收入無法讓你換屋，起碼還可以犧牲書房改成小孩房，兩代都可以滿足。如果你打算五年內都單身，平常不開伙煮飯、看電視喜歡在床上，那買間套房就夠了，萬一五年內不小心結婚，這套房要可租可賣，物件的挑選就很重要。

可以節省的狀況是：「我打算準備一間房間給爸媽住，萬一哪天來可以住個一兩天」，如果這個「萬一」，一年只有發生一兩次，用旅館代替即可，不需要因此多花幾百萬元，除非你錢夠多。

好，總之你需要兩房至三房的大小，**台北市門檻上千萬元，地段差的八百萬元，台北縣有捷運的八百萬元，沒捷運的五百萬元**，這是中古屋的門檻。

以八百萬元爲例，你只要擁有二百四十萬元的現金，就可以買，這是銀行貸款八成、有八十萬元可以裝潢跟買家電、每月房貸三萬二千左右。

回到收入三分法，保守方式就是**房貸是收入的三分之一**，所以你或你家庭的總月收入要有九萬六千元。當然，如果你比較大膽些，房貸是收入的二分之一，也常有人這樣做，那麼家戶收入每月只要賺到六萬四千元就可以支付房貸。只是，別忘了，無論保守或大膽，還是需要有二百四十萬元的現金。

有人不屑的說：「有寬限期啊，買東西都可以分期了，明明有二年寬限期可以用，我買房屋已經花了不少現金，還有買電器，所以這兩年寬限期讓我付款比較輕鬆些，我努力賺錢多存點也好，反正現在利息低，不用白不用啊！」

計算能力，不可以用寬限期來算。

如果你有資金需求，比如你的定存利息比房貸高，外幣定存有四至六%可以打敗房貸，不論是定存或基金，這些投資兩年內資金「一定」可以贖回，那利用寬限期來做資金調度運用還有點道理。

如果是換屋族，仍然以「手上有多少現金」跟「每月收入」兩項來評估，差別在你可以一邊賣一邊找房屋買，房屋賣了就有錢可以升級，你可在賣屋合約書的交屋期限內，多保留些時間，比如「交屋時間自對保後延長一個月」，這樣就多點彈性時間來尋找下一個換屋的標的，萬一房子賣了卻還沒買到要住的房子，租屋也是考量，千萬別為了時間而將就。

多準備些彈性是好的，你的收入並沒有保證幾年後一定多，現在連公務員都有考績制度的退場方案了，別以為「大不了賠錢，我去租房子就好。」賠錢跟當屋奴一樣不好受，並不值得嘗試。

3

小心「地段」的陷阱

「請問Sway版主，新莊副都心到底好不好，新聞說很有前景。我在台北市工作，我該買有高鐵的板橋還是有前景的新莊？」地段、地段，又是地段，這是我當版主以來，網友最常問的問題。

選地段，思考角度可以簡單分成**「你家原來住哪裡」**、**「你熟悉哪裡」**、**「你在哪工作」**這三方面。

無論新成屋還是中古屋，有七成的購買客源來自區域客。你想想，如果從小住新莊長大，沒事怎會想要搬到永和去？爲了日後父母探親、小孩就近照顧，原本住家區域仍是首選。

如果來自外地，比如老家在中南部卻上台北工作，現在租房屋住三重多年，當然比較沒有地域的限制。工作地點會影響你的購屋地點，例如在信義計畫區工作，也許買不起計畫區內的豪宅，起碼可以利用上下班的交通動線來規劃。

開車族，請沿著工作的動線，考慮是否換捷運或是繼續開車。桃園吸引了不少台北的移民客，因爲桃園有北二高、中山高兩條主要動線，沿線幾個交流道都有不少台北客移民，如果你習慣開車並且可以接受車程，就可以時間換取房價。但有時生活型態會因爲距離而產生改變，有朋友當初爲了省點房價，買到開車只要半小時的桃園居住，五年過去了，人口增加，他的開車時間已經拉長至一個小時，爲了不想浪費這一小時，他開始搭車上班，有時坐中興號，有時搭火車，省錢又多了時間可以睡覺、聽音樂、用手機上網。

機車族，同樣沿著工作地點動線，找你可以接受的騎車時間，我住過新店的安坑，曾經長期每天騎四十五分鐘的機車上班。那這四十五分鐘的距離，以我工作地點爲圓心，畫個圓，就是我可以買房屋的地點了。如果叫我騎六十分鐘到三峽買屋，別說環境不熟悉，騎那麼久的車還是很辛苦的，不值得。

如果不想開車也不會騎車，還是依著你習慣的交通工具找地點吧，有捷運搭捷運，沒捷運搭公車或轉乘，有火車就坐火車，可是，**別去想高鐵**。

高鐵在完工時，一堆廣告說：「高鐵一日生活圈，房價省一半」，這是不切實際的做法。你搬到遙遠的那頭，每天搭昂貴的高鐵，然後再轉捷運或公車到你上班地點，算算票價一定不划算，這是廣告商想出來的促銷手法，刺激你買房啦！偶爾才搭一次高鐵，就不用買在高鐵站附近。像我工作不需要搭捷運，就沒逼自己買在捷運站邊，更何況**高鐵宅沒有捷運宅的保值性**。同理可證，「機場宅」也是，航空城附近已經開始炒作，但是機場宅頂多享受出國方便，請問你一年出國幾次？

你住哪，工作在哪，就往哪買。**別看太多勾勒未來前景的新聞**，除非你把房屋當作投資，自然可以住在新莊副都心、林口重劃區，然後等待房價上漲，脫手賺一筆。如果你買房屋只是用來自己住，在住的期間要舒服、方便，就別期待新的重劃區可以讓你多賺錢。想想，新莊副都心已經喊二十年了，這二十年的等待就結果來看當然值得，起碼當年買的房屋現在都已經算是賺回來，但如果這地方並不符合你上下班與生活的需求，你則要忍受二十年的通勤折磨。如果是我，不如把這二十年的等待與夢幻房價省下來，拿去做別的投資，要知道，當年正對副都心、中原路上的房屋，都比新莊其他地方貴上一坪兩萬呢！

4

我的最愛：學區、市場、大公園

買房子如果也像瀏覽網頁一樣，有個「我的最愛」的功能，明星學校、大型傳統市場、萬坪森林公園這幾項，肯定都會在內。有，很好，但房子也貴；沒有，或是缺少其中一個仔細想想，好像也不會怎樣。

如果你的財力沒問題，那麼上述條件當然最好都擁有，對你的房價絕對有保值以及加分的動作；如果沒有，在這三項我的最愛中，就必須做出選擇，哪個比較重要。

五年內有小孩，或是五年內會需要上國中、小，那麼學區該是你第一個考慮的條件，即便不挑明星學校，短短的接送或是讓小朋友可以自己走路上學的距離，就是可以考慮買屋的環境。

現在雙薪家庭，對於傳統市場比較沒有需要，住家附近有「松青」、「頂好」或「全聯」等超市就可滿足，但如果你有同住的父母包辦兩餐，家裡附近有個早市挺好，可以買到新鮮的蔬果、雞鴨魚肉，也符合老人家的生活習慣。

大公園也一樣，如果正對大公園那當然奢侈，我也幻想過要住在大安森林公園對面，打開窗就是滿滿綠意，可惜我沒那個財力（而且坦白說，面對樹海景觀，反而不會眞的每天去公園散步、運動）。我現在的書房跟臥室，窗外就是一個萬坪的綠帶，可惜每天開車進出，從來沒有去散步過。反而是住家附近，走路三分鐘有個小小的早市，可以買到現殺的雞肉；走路十分鐘有超大的黃昏市場，有所小學在我家旁邊。

其實當初我挑房子，第一要件只想要景觀開闊、環境安靜即可，有學校在旁邊是用來保值的，對我而言最重要還是景觀，以及萬坪公園提供新鮮氧氣。因此當初找房子時，有特別留意這一帶環境，唯獨沒注意到旁邊的市場，結果竟然是每天凌晨四點準時咕咕叫的雞啼聲讓我猛然發現的！市場對我來說是生活上的小小缺點，但哪天要賣屋時卻是小小賣點。

講到明星學區，如果一定要讓小孩唸明星學校，可以從學區旁的幾條馬路開始找起，並且確定這間房子的地址以後可以劃入學籍。不過也要提醒，有時住學校旁不一定就能唸得到，像永和國中與福和國中，用的是身分證末碼的基數或偶數來確定；而政大附中國中部也會隨著入學人數的多寡，決定今年到底學區到哪一條巷子。

有了學區之後，市場跟公園的順序條件就可以擺後面些；同樣的，你一定要市場，就把它擺第一位，其他放後面。

走路一分鐘有學校、市場、公園，聽起來萬事俱全，但也要想想，正對學校的房子很吵，上下課小朋友的尖叫聲跟鐘聲會讓人抓狂！樓下是市場，出入不便利，蟑螂老鼠也會很多！公園在前面，晚上就比較暗，容易有色老頭或流浪漢出沒，這就是有一好也有一壞的道理。

5 中古屋實在還是新成屋划算？

「我們很想住新房子，老房子屋況不好，重新裝潢麻煩又貴，以後也不如新房子值錢！」這是想買新成屋民衆的心聲。也有一派堅定支持買預售屋，「買預售屋比較好吧，可以賺錢，付款又輕鬆，況且房屋的格局可以隨時調整耶，不用重新敲敲打打。」

這得分成好幾個層面。

預售屋：要認眞監工

先說說預售屋，房屋的格局可以調整是對的，不過你不能隨心所欲，管道間有限也有固定，頂多房間的大小可以調整，但是廁所不見得可以從這頭拉到那一頭，也不見得想增加就能增加；你可以做的是把四房改成三房，取消一個房間合併成大客廳，也可以讓廚房變成開放式大廚房，這些在紙上就可完成。付款，一樣囉，你先付十％，接著工程期款再付十％，這兩三年的興建期你還是不能住，這跟兩年後買房子的付款是一樣的，因爲完全無法預測兩年後房價是高還是低。

如果現在就要住，那當然不能買預售屋，況且我很少建議別人買預售屋，因爲你無法預測房子蓋出來會怎樣，除非要非常努力的監工，以及選到一個不差的良心建商。

新成屋：首重格局

新成屋不用花大錢裝潢？還是要的。建商給你的房子只有天地壁，以及廚具和廁所，如果天花板有消防灑水頭，你還是要做天花板、做木作、做系統櫃等等，當然比中古屋方便許多，不過，如果隔間你不喜歡，同樣要敲掉重作，地板重換，天花重釘等等，所以，**買新成屋有一個很大的重點，就是看格局，這牽涉到日後你裝潢要花多少錢。**

中古屋：先預估管線費

中古屋的好處，坪數實在與房價稍低。格局喜歡的中古屋，你頂多重新粉刷、換新馬桶、廚具也許換一套就好，但請事先確認這房子沒漏水沒壁癌，水電配置得當，否則當你買下二、三十年的中古屋，最好仍估一筆管線重拉、防水重做的預算。

對於一般剛開始思考購屋的網友，我都會建議他們別想太多，中古跟新成屋都去看，看到喜歡的就來學《壹週刊》做比拚，把各項條件寫成表格做「劣、劣、劣」或「勝、勝、勝」，搭配估算裝潢費的拿捏，以及預算的考量，你將很容易知道，哪一間是你的未來夢想家。

6 挑屋四部曲（一）

基本功：社區門口學問多

從這篇開始，我會從外到內，按部就班的分享我的看屋方法，基本上，這是我多年來看過上千棟預售屋、新成屋、中古屋的經驗談，而且這次實戰用在我自己購屋的過程中，希望對你也有幫助。

前往看屋前，必須是你已經做完功課，篩選完建商跟建案，並想進一步到現場了解細節了。

一、先用三分鐘做大環境掃描

看房子的流程，**其實從進入社區大門前就已經開始**！

首先，別急著進大廳，先站在大門口往外看，**電線**、**廟**、**馬路**第一時間要看，站在馬路中間、對面，是觀察社區小環境的好方法。有時，我會藉故打電話、點一根菸，利用三分鐘的時間了解風向、風聲、車陣問題等等，也順便留意進進出出的都是哪些人。

台北還是有不少地方，有高壓電塔、電線沒有地下化的，你看了五樓喜歡，但誰知四樓就有電線經過？內湖有個社區曾經還有高壓電線穿過社區中間，汐止也還有社區是高壓電塔長在某一棟的旁邊，不論對健康有沒有影響，光是感覺就差很多。

家附近有廟也是我最不喜歡的，無論是土地公還是道教廟，有法事的噪音你就會很頭痛，沒法事也有信徒的燒金紙、燒清香的困擾；另外，廟簷的飛龍走鳳倒掛金鉤，對風水也有些影響，容易住得稍不安穩。最後，廟也不無可能會吸引一些看不到的力量，這些力量，或是說，靈魂聚集，我個人也不愛。

馬路，最要緊的就是不能有**路沖**，常有社會新聞說有卡車撞到房屋，就是這路衝的「效果」，大門必須要避開，才有安靜的居住環境。

另外，就算不能奢求河景第一排、公園第一排，起碼消防車要能夠進得去，這或許跟豪宅景觀無關，但跟你未來的身家性命息息相關。怎麼看？從大馬路轉到小馬路，都有雙向道可以自由進出，消防車就可以進得去，路寬起碼**六米**以上，好，過關。

三分鐘或許看不出全貌，但只要出現不好的狀況，或許就代表這個社區與我無緣。我就看過有些社區的住戶在社區入口吵架，也聽過樓上住戶丟東西，碰到這種狀況，先扣分再說。

社區門口有畫紅線，機車不能停在騎樓上，以免妨害逃生或萬一燒起來會波及房子，恰好這個社區沒有騎樓，有寬敞的人行道，好，又過一關。

社區對面就是小學，以後小朋友要上學很方便，加點分數吧。不過剛好鐘聲響起，小朋友尖叫聲不絕於耳，這要扣點分，幸好，鐘聲很好聽，學校做了一首歌，而不是傳統的「鐺鐺鐺鐺」。

沿著學校的周邊都是新大樓，從外圍看去，視覺舒適，自成一格，處於其中覺得素質整齊，加點分數；但新大樓的旁邊就是成群的舊公寓，要更新有點困難，這部分還是得扣分。

二、觀察建築物本身座向、外觀

看社區外觀，新成屋蓋好沒多久還沒鐵窗，管委會還沒成立，有機會把關住。我不想住在有鐵窗的房屋，尤其那種參差不齊、每一戶的造型顏色都不一樣，又醜又不保值；而且，鐵窗代表著「這個社區不安全」，沒有鐵窗，又過一關。

站在社區大門入口，感受一下，留意高度，這個社區樓高是附近最高的，起碼跟對面那棟樓比就高了一截，風水上就不會被壓著，好，這點也可加分。

不過，社區的某一邊風超大，看著銷售的旗幟狂舞，心裡想若買到那一邊座向，豈不整天被**風切聲**吵死，永遠不用開窗！萬一代銷要賣我的物件在那一棟，二話不說馬上閃人。

社區一共兩棟大樓，棟距大約十幾米寬，因為聲音有傳導效應，夜晚時站在底下中間講話，樓上住戶一定聽得清清楚楚，好，面中庭的格局也不考慮。

最後，用眼睛瞄了一下**外牆磁磚**貼的平整度，唉，不夠優，有一點歪，遠看還算整齊，近看就會發現，工不太仔細，也有不少髒污水泥塊、矽利康等等，我看室內大概也不會好到哪去。

就這樣，扣扣這裡、摸摸那裡的邊走邊看，看屋沒五分鐘，已經看到銷售小姐在翻白眼了，她心裡一定在想，哪有客人看房子看成這樣的，絕對是同行來找碴。

進到接待中心，現場業務經理跑來認親，哈，原來是朋友，瞄到那銷售小姐，又翻一次白眼，感覺意思是，早說嘛，本來想把你趕走的。

五分鐘的過程，結束了社區外面的查訪，答案是，及格。

及格，只是六十分，我心裡知道，要一百分不太可能，當然，以我的經驗還是有一百分的社區，只是我買不起，就算中大樂透也沒屋可買，就是台北市信義計畫區的「信義富邦」。

7 挑屋四部曲（二）

估保值：大廳公設別放過

十多年的職涯，我平均每兩三天就要看一個案子，算算大概也看了上千棟房子了；也因爲工作的需要，我看房屋很快，通常一個社區一小時就看完，該看的重點都會看到。記住，看房子要找的，是找出隱藏在華麗裝潢下的真實面貌，況且，嫌貨才是買貨人，您說是吧！

前一章已提過社區外的觀察重點，進入大廳後，別急著走開，我會馬上「面試」警衛，他的目光往哪裡看、年紀多大，警衛室或接待櫃台是否整齊清潔、警衛的制服是否整潔。更細一點，我會看警衛的頭髮與襯衫有沒整理，有，過關，沒有，扣一分。警衛室或社區辦公室代表**樓管公司的品質**，也代表管委會有沒有努力管理，這部分與以後房屋保值關係甚鉅。

進入大廳後，別被華麗的裝潢所吸引，你要看的不是有多美，先看格調是不是你喜歡的，小細節則可以看公共區域的燈有沒有開。我通常會順著牆面用手摸一下、敲一下，平常樓管對於大樓的維護，從牆面是否保持乾淨就可以判斷了。

再者，大廳旁都有信箱間，一定要去偷瞄，住的人多不多，大概可以從信箱來判斷。很多社區如果住戶的水電沒繳、管理費沒繳，通知都是貼在信箱外面的，這也可以一窺住戶的水準；至於信件有沒有好好插入，代表樓管對於小細節的注重與否，當然也別放過。

上述都是看一個社區的管理是否妥當的小地方，管理不好的社區，無論自住或是投資都不會讓你覺得舒服，只有管理得當才有將來，或許嚴格管理也讓住戶無法隨心所欲，但想要共創良好居住品質，讓社區越來越保值，就必須要有所犧牲。

有朋友原本住在文山區，買房屋前覺得，住戶有很多老師、公務員，品質一定很好，沒想到，大家因爲想省錢，晚上大廳不開燈，大廳裡美麗的壁燈壞了也不修，因爲根本沒開過。後來讓他決定賣屋的關鍵，就是社區爲了省錢，取消垃圾儲藏室的便利功能，因爲老師跟公務員都是準時上下班，時間到就去門口等垃圾車，取消收垃圾儲藏室可以省一個清潔人力。朋友當下就決定賣屋。

社區的管理方式要跟自己的作息來對應比較，沒有好壞之分，這裡先聲明，文山區的案例管理方式沒有不對，只是不適合我那位朋友罷了。

看完華麗的大廳接著看公設。我看過台中一個豪宅建案，入門就是值錢的骨董黃袍，配上百萬水晶燈，超級華麗，同行的朋友張大了嘴看傻了眼，我只瞄了一眼，跟警衛問說：「請問洗手間在哪？」

對的，**看公設要看洗手間**，因爲平常很少人會用，也沒多少住戶會在意，從這個小地方就可以看出建商的施工水準。當然，這點比較適用在新成屋上，十年以上的中古屋就不用針對這點吹毛求疵了。台中這棟豪宅公設的廁所，燈泡壞了一顆，洗手檯角邊有點發霉，大門卡卡的，水龍頭的水量太小，抽風機有噪音，這些都要扣分。本來建商帶我參觀豪宅，認爲這是他得意的代表作，被我抓出廁所的小問題，臉綠了不說，當場叫管理人員過來罵。

透過這些小地方可以發現社區的管理螺絲已經鬆了，也許住戶不常在家，表面美麗即可，四年的成屋，縱有名人加持，建商也是第一流，但是沒有管理嚴格，當年區域第一名的豪宅，如今已經退出十名之外。

8 挑屋四部曲（三）

客廳的秘密：優劣差很大

看完公設，開始進入正題看房子內部，我的習慣是從客廳看起。

通常從電梯門打開的那一剎那，我就會留意很多東西。首先看當樓層的狀況。一層兩戶是最理想的，如果購屋預算不高，可能會挑到一層好幾戶的，這時起碼要留意，**大門不對鄰居大門**。別說風水，兩戶開門相撞就會讓你住得很不舒服。

一、從梯廳開始評分

大門外要少一點死角，比如樓梯拐角、走道有暗處等等，從安全角度來看，這些地方都是歹徒容易躲藏的地方，有可能就在暗處等你開門。我也不喜歡鄰居在門外放一堆鞋櫃的社區，別說亂跟臭，以後要脫手都會比較麻煩，乾乾淨淨的梯廳，才是好物件的基本條件。

以上這些雖然都屬於門外，跟客廳卻都有關係，想想，經過一個有臭氣、有暗角、有亂鞋的樓面，你光是要開門踏入屋內都會覺得不自在。尤其，開門後風壓灌入屋內，蚊子、臭氣跟著衝入，會影響居住品質跟風水。

開門時順便看門的四個角落，台灣地震多，若房子蓋得不好，四角都不平整，開門卡卡的，這時別以爲是房子舊了、中古屋都會這樣，**如果一間房有不平整的大門，碰都別碰，也許是因為地震而傷到結構**。

二、進門先看大樑

大家都知道「廳明暗房」的道理，不過，我要請大家先抬頭，有時明亮的客廳跟開闊的景觀，搭配華麗的裝潢，會讓你忘了一些要留意的重點，比如，樑。

風水上說大樑別壓門，大樑太低，增加壓迫感，你如果相信風水，連樑不能穿門都要留意。至於我的標準比較低，只要是樑別低到手可以摸到就可以。當然，建商蓋屋時，如果有留意讓樑外移，讓客廳有個深井的挑空感，這種用心會讓我有賺到的感覺，因爲過低的樑必須要靠裝潢修補，無形中會少很多空間，更別提長期居住的壓迫感也會讓你有回家不放鬆、壓力大、頭痛這些潛在風險。

三、一分鐘聽聲辨味法

客廳要方正這是大家都知道的，請關上大門後，靜靜的站在沙發位置，面向放電視的主牆面，停個一分鐘，請銷售人員閉嘴，聽聽風聲、隔壁人家電視聲，如果是平靜的、空氣舒適的，就是好屋。一分鐘當然太短，但你可以從這一分鐘的感覺去假設你住這裡的狀況，是不是可以舒服的休息而不被鄰居打擾。如果你是晚上看房屋，最好是八點檔上演的時段，就可以聽聽看樓上鄰居吵不吵，有沒有噪音問題。

我的家人前年買了間新成屋，沒人住過，現在有時會在家裡聞到樓下煎魚的味道，而且隔音也差，連樓上關廁所門都聽得好清楚，這是當時新成屋無法看到的小缺點。

我家人用鈔票買來的經驗告訴你，別怕別人嫌你龜毛，看新成屋如果能請家人或朋友到左右上下樓層，製造些氣味或聲音，看會不會被影響到，就可以省掉買單之後的後悔。

四、粗估面積的寬深比

客廳的寬、深度很重要，**三米**是一個基本數字。一般沙發深度八十五公分，加上走道、寬五十公分以上的茶几、走道、寬四十公分以上的電視櫃，一直到電視的距離，三米是個最小的寬度，再小你可能要買更小的茶几。寬度也是，雙人座沙發寬二米，放個二加一或三加二，都要三米寬。買屋就是買格局，否則你只能花錢敲牆補救。

客廳旁多半有窗，請全部打開，並且也把房間門、窗全部打開，讓空氣流通，人坐在客廳沙發位置，找同行一起看屋的家人或朋友，在廁所點菸或噴香水，然後開門開窗，如果在客廳的你會聞到味道，請考慮換間房子。試想若是浴廁的臭味會飄到客廳，看個電視都要摀鼻子，以後住起來怎能神清氣爽？同樣的方式，可以在廚房、臥室試試。

五、別忘了檢視「不列加」

最後，請找到**電器總開關**，打開來看、問一下，用心的配電盤一定是有多個「不列加」，就是安培數足夠的安全開關，家中各區要區分，特別是廚房、冷氣的、各房室的、冰箱的等等，有的還會有與消防連結的不斷電開關。

這些小技巧都有助於幫你發現客廳的秘密，**好的客廳，就是一間好房屋的開始**。以上看起來都像是常識，只要五分鐘就可以看到物件的優缺點，不過根據我的經驗，多數人看屋的時間都不是花在這五分鐘上。我只有一項不看，就是裝潢，新成屋自己裝潢，中古屋反正不需要，美麗的佈置，只會擾亂你找出房子的毛病。

9 挑屋四部曲（四）

查廁所，知風水

客廳看完接著看什麼？看廚房廚具用啥米牌？看主臥、浴室有沒有按摩浴缸？錯錯錯！在我的看屋行程裡，客廳的下一站，就該看看關係氣味、噪音與漏水的關鍵：廁所。

一、**打開維修孔**

看廁所千萬別客氣，第一步請站在馬桶上，找張椅子也行，將遮蔽一切關鍵的天花板打開，只要移開**維修孔**就可以，把頭伸進去好好看，看啥呢？**看樑柱跟結構面的施工品質**。

爲什麼看結構要跑到廁所看？這是因爲通常建商蓋屋，交屋時廁所一定會有天花板封頂，所以，天花板內九成九爲「素顏」，結構面不會經過粉刷修飾，判斷施工品質最好不過了。所以在廁所的天花板內，你要看有沒有**水漬**（也許有漏水過，或是樓上管線滴水下來的痕跡）、**平整度**（我就曾經看過在水泥上黏了菸盒、布手套）、**通氣度**（抽風機的風管有沒有接到屋外，有時你家的抽風機根本只是裝飾在天花板的小風扇）。

別說我沒警告過你，如果你連天花板水泥黏著手套、抽風機純裝飾浪費電又做白工，這麼嚴重的問題都視而不見，就別怪黑心建商或投資客坑你的錢。

二、**檢查瓷磚線**

除了廁所的天花板，第二步我會看瓷磚。從牆壁跟地板的瓷磚有沒有**線對線**，也就是水泥伸縮縫要從牆壁上一直連到地板角落，這可以看出基本的施工品質。接著請敲牆壁，敲一敲瓷磚的任何角落，你聽到的應該是實心的聲音，如果出現「空空」響，記得在你的看屋資料表上多打幾個「劣、劣、劣」。

三、假裝你要上廁所

第三步比較簡單，關上門模擬上廁所，請抽幾張衛生紙，揉成一團丟到馬桶裡，看沖水是不是順暢；開水龍頭洗手，看水的流量滿不滿意，如果太弱太小，不是管子卡住就是需要裝加壓馬達，兩者都有點麻煩。

在風水上需注意**馬桶方向不要對門**，眞正的意涵在於，不讓上廁所的人或進出家門的人互相影響干擾。假設你有天很自在的坐在馬桶上，門又沒關，如果這時有客人來或有人回家，你必會受到驚嚇，也對客人不禮貌。另外，臥室做爲床頭地方的後面不可以有馬桶，道理很簡單，睡覺時容易會被沖水聲驚醒。

廁所方位有些風水上的忌諱，但並非絕對，如果你覺得沒有影響也沒差，只要記得在門口掛上落地門簾遮一遮，並在廁所多擺些植物如萬年青之類，也可彌補。

四、想想會在廁所內做什麼？

最後一步，請模擬在廁所會做的所有事，比如上廁所位置寬敞否，有沒有地方放你的牙膏或老婆的備用口紅，擺放衛生紙的位子是否順手？我個人愛用大浴巾，是不是有地方掛？如果你愛洗完澡在鏡子前擠痘痘，是否得加裝多功能暖氣機？淋浴間會不會小到連轉身都有困難？浴缸深度真能夠好好泡個澡嗎？請模擬你在廁所會做的所有事情，就會知道好不好用了。我曾經看過淋浴間小到人站在裡面居然無法關門，肩膀會碰到門！可是光從外面看一切還好，這就是你不自己親身測試、光用看是看不出來的缺點。

最後小提醒，如果你習慣使用免治馬桶，要留意，馬桶旁有沒有插座啊！

10 管委會，幫你管荷包！

該看的都看了，也狠狠的砍了價，恭喜你，總算買下了千挑萬選的夢想宅，接下來，在新房子裡的完美未來，正等著你去慢慢享受啊！

沒錯，就連曾經在建築業打滾多年的我，也不禁嘴角上揚的這樣想像啊。現在想想，買房子這件事實在混雜了太多不切實際的期待在裡面，實在太容易讓人喪失理智。

由於我買的是新成屋，下訂之後，就等著建商的代書通知用印、對保、繳款等後續事宜，在此同時，也開始做起裝潢的功課。

沒想到這一等就是兩三個星期，居然沒人打電話來，我忍不住主動打電話去找建商，竟然是因爲行政人員跑了、丟了一堆爛攤子，所有交屋業務都停擺，害我本來打算鬼月前開始裝潢、過了鬼月就可以住新家的計畫落空。這還不打緊，後來接手的建商副理，竟然把之前的烏龍當作沒發生過，一打電話來就要錢，連個道歉也沒有！哼！好歹也在業界混過幾年，是可忍孰不可忍，我當場嗆聲：「你們這種態度太誇張，現在管委會還沒成立，所有的公設都還沒點交，別把住戶當白痴一樣耍。」

沒想到隔天就有住戶聽到流言，說社區來個了硬傢伙，已經放話要當委員，請住戶小心云云。建商翻來覆去就那一套，沒想到我在黑心建商裡所講的，用來**打擊管委會**、**分化住戶**的招數，竟然就這麼現世報的落在我自己身上，不過他們這麼做也很正常，畢竟本人會擋財路，把建商的錢往外推。

實在很衰，我只想找間好房子好好享受宅男生活，沒想到沒經過一番波折還不能如願。眞是羨慕一些好建商蓋的社區，像台中的「龍寶建設」，管你交屋幾年，車道用久壞了，建商花幾百萬元贊助社區更換，連社區想買台液晶電視，建商都幫你出錢。

很遺憾，小的買的這個社區的建商，還不是這種等級。好，我忍，房子都買了，建商的員工服務不好我們無法控制，想要社區有好的管理，總可以靠住戶的努力來彌補吧！於是我在開會的時候發表一些想法，提出「梯廳亂擺鞋櫃、鞋子亂丟的社區，房價每坪少二萬元；有鐵窗的社區比較不保值，小偷會認爲管理不好容易下手，房價也較低」的言論。聽得很多住戶猛點頭，但也有少部分住戶不滿，認爲當初買某個格局，就是因爲門口有空間可以擺鞋櫃。

於是乎，一方面是生性雞婆，再者也不想自己辛苦賺錢買的房子，最後落得管理不善房價跌的下場，我就這麼當起了管理委員。

事後打聽才知道，建商正是最不希望我當管理委員，大部分的住戶都好溝通，就只有我當壞人，用一些房地產專業知識來制衡建商，幸好，管理委員都是住戶，並沒有建商代表，不會任由建商擺佈。

建商都不好嗎？只能說，好的建商不多。買房子就像翹翹板一樣，優點跟缺點相互比較後，選擇適合的優點，忍受或改善缺點。這家建商在營建部分沒有黑心，但員工都不夠積極、管理又差，我只好自己撩下去，一天到晚開會到半夜十二點，希望能凝聚住戶的共識跟想法，累死了。但我想住在一個有水準的社區，而且又想保有房價，你不自己跳下來做，難道期待好品質從天上掉下來？

成立管委會之後好戲陸續登場，沒錯，我就是那個扮黑臉的，跟建商打的第一仗，就是公設點交。

點交很重要，**所有的公共設施都是由管委會與建商點交**，所以，別小看這個權力與權利，包括電梯、地板、甚至是健身房都包含在內，在管理好自己的社區之前，硬體設備的良莠就由管委會把關。

如果隨便點交，以後壞了就要大家出錢維修，堅持一下仔細清查，在點交前若有問題，建商就必須出全部的保養費用，看得越仔細，就等於幫自己未來的荷包省下大錢。

方法是，從**圖審**開始，跟建商要所有的圖，**水電、消防、建築施工圖**都需要，並且自己先去政府建管處申請**竣工圖**比對。有時建商會給你錯的圖，因爲通常大廳跟公共設施這兩項大部分建案都有二次施工，一定跟原本消防送審圖不一樣，這些部分不揪出來，到時消防檢驗若無法過關，而管委會又草率給他過關的話，以後責任無法釐清。

我的社區，則是錢的點交出了些問題，當然，建商想要管委會吸收的費用，管委會當然不想認帳，最簡單的方法就是要求建商，全部的花費都要有發票，一一核對用途。注意了，建商若拿不出發票的報銷，請別認帳。

講到單據的重要性，請建商出具**報價單**，或是購買證明，我們也才能釐清公設的價值。廣告上社區內有大樹，點交時那些樹就要活著，不同樹種有不同的結果，比如，明明說有櫻花的，結果給了木瓜，你不但不能享受櫻花的美麗，在享用成熟木瓜前，地磚會被鑽破，等著你的就是漏水之苦。

當初廣告上說，有捷運接駁巴士，廣告中寫的是巴士，就要給巴士，絕對不能用台廉價的九人座充數。建商代表居然說，預備給我們一台七、八十萬元的休旅車，或是折合現金算數。有住戶覺得給現金好有誠意哦，幸好，有委員保留當初預售的廣告單，上面白紙黑字寫著「巴士」，**一台巴士起碼二十一人座，要價二百萬**以上，一差三倍。

所以說如果你的社區有「光纖」、「藏書」、「生態花園」等等，建商就必須要給社區這些東西。很多建商會說，哎呀，形容詞啦，別在意，但你知道每戶房子都是大家花辛苦血汗錢買的，幫所有住戶捍衛權利，無形中就是幫到自己，千萬別抱著自掃門前雪的心態。

不敢說我們自己的社區管委會運作得有多好，但經過一段時間的摸索，大概也有了運作的模式：有委員負責跟建商搏感情，有人負責溝通與連絡，我則是被定位在黑臉，也就是負責找問題，所有的文字、財務、廣告，合理溝通、合理計較，這樣一來，才不會傷害住戶與建商的和諧，畢竟很多後續施作都需要建商來增加及調整，管委會也能夠爲住戶爭取應有的權益。

以和爲貴，有憑有據。

11
該拿鄰居的臭鞋櫃怎麼辦？

住大樓，鞋櫃是一個問題，有的社區會規定鞋櫃不准擺出來，有的則是統一大小與地點；也有不管的，想擺就擺，不擺也隨便你。

我的觀察是，不論你是去訪友還是看屋，出了電梯，各式不同的鞋櫃到處都是，鞋子也亂亂擺，對房子的印象一定不好，房價肯定好不到哪裡去，安全也比較差，一旦發生火警濃煙密佈影響逃生，或是擔心剛買的萬把塊名牌皮鞋放在外面被偷，眞是何苦來哉。

通常每個社區多少都有住戶比較沒品，不愛照規定，只想到自己的便利性，我的社區也不例外。有一戶鄰居，全社區鞋櫃都收了，只剩下他堅持不收，理由是：「我家很小，根本沒有地方擺，你們不要爲難我，要不然大家都不好看，有那麼多違規先處理嘛！」更何況，那位鄰居還是管理委員，後來因爲管委會開始處理鞋櫃不可亂擺，就辭了。這位仁兄到處找鄰居訴苦，說管委會大小眼，不尊重他的權益等等。

沒品的還不止這一樁，有鄰居想找地方擺腳踏車，偏偏社區沒有多餘的地方可擺，於是開始嘟囔：「搞什麼，我家很小耶，管委會都不幫我想辦法，腳踏車沒地方擺……」也有家中有露台的住戶，想要外推增加使用空間，偏偏管委會不給裝鐵窗，就開始說：「露台是我花錢買的耶，你們歧視我啊，而且外推也不會影響大家，我自己家裡面的事有什麼好管。」

還有還有，停放機車也有問題，建商當初規劃的停車空間不足，就有住戶想要佔公設的便宜：「地下室有空間就停啊，我也有買公設，當然有使用的權利，去跟建商說嘛，汽車位賣不掉全給我們停機車。」

這些住戶會說，我又不會現在就賣房子，如何住得舒服比房價更重要，所以，我想亂擺就亂擺，方便最重要，一旦有人反對，就開始瘋狗亂咬人。

方法是，**拍照、公告、依法處理**。

基本上人都要臉，違規事項拍照並且公告，不只對鞋櫃有效，亂丟垃圾、小狗亂尿尿，通通拍照公告，貼在大家必經的佈告欄、電梯裡，有八成的人一定會快速改善，因爲，很丟臉。另外二成的人不管這一套，依然我行我素，此時就要開始罰錢並找公家單位。丟垃圾的罰「清潔費」，亂擺鞋櫃的，只要他的鞋櫃擺出來，就是影響消防逃生動線，視同違建，一定要拆除，請工務局來處理。蘆洲有社區爲了維護品質，沒品住戶與管委會槓上，最後，管委會勝，該住戶搬家。

景氣有起有落，再強調一次，**管理才是維持房價的唯一方法**，你怎知哪天不會賣房子？有太多突發事件，會讓你需要三個月內賣屋，**沒有管理的社區，房價起碼低一成**，一千萬就是少一百萬，少的可都是你賺的血汗錢。

「又不是豪宅，管那麼多？有本事去住豪宅，『水準』一定好嘛！」有的住戶發出這樣的抱怨，認爲自己格調沒那麼高，幹嘛管委會要搞得這麼高調，只有不方便，沒有任何好處。奇怪的是，當他老兄盡情享受乾淨整潔的KTV歡唱，社區清清爽爽不用擔心有蟑螂老鼠亂竄，有朋友來訪都稱讚你的社區很乾淨、很氣派、有品味時，這些難道是不用付出就會有的生活品質？

【番外篇】

談科學風水

你不相信風水？我也不相信拿著羅盤，說東北角一定要放個水晶、西南角不可以開門的這種風水，但是我相信有科學根據、能夠增進生活品質的風水概念，接下來的番外篇，沒有那種財源廣進、驅邪避煞的功能，但起碼可以讓你買到住起來爽快的好宅。

房屋基地的科學風水

一、高於路面

看到社區基地比馬路高，千萬別想著「高人一等」，那是廣告名詞，明眼人一看就知道，這裡一定常淹水。不少社區因爲附近太常淹水，乾脆以墊高基地來因應，會這樣做是因爲整個小區域都較低漥，來個大雨排水不良或是颱風天，就容易積水排不出去，台北的社子有部分地區就是一例。

另外，因爲山坡有高有低，坡地住宅有那種看起來像一樓但實際上是二樓，或是前面是一樓後面是地下室，看到這類型的房子，請繞到社區後方、大樓屋頂瞧瞧，如果發現後面有大山壁出現，壓迫整個社區，住的人肯定壓力大又不安穩。

二、低於路面

可能是因爲馬路一鋪再鋪，或是基地原本就比較低，會出現社區比路面還低的狀況，這種格局很糟糕，風水格局屬於低下，運勢較差，下雨天大雨直接灌入你家中，排都排不掉，看到這種房屋千萬請跳過，還是別買的好。另外，除了風沙灰塵容易累積在社區、地下室，行人或汽機車也容易因爲這樣的高低差，夜間視線不明，容易不小心跌倒或發生事故，住在裡面絕對不會安穩。

三、離水太近

水岸第一排有開闊的河景，是夢寐以求的豪宅地段，但台灣的防洪措施基準不一，有時五十年、有時一百年，萬一更大的洪水出現，或是因爲人禍造成大淹水，離水太近就成爲夢魘。昂貴的大直重劃區就曾經發生過水淹道路的窘境，而三重的二重疏洪道，大概十年就淹一次。台北可能因爲太容易淹水，防洪堤道做的比較高，而新竹、桃園部分人口密集地點，有些乍看是小水溝，颱風來時就洶湧了。離水太近還有濕氣過重的問題，以及因爲河流污染而造成的空氣污濁問題，家中有老人家比較不適合，如果眞的喜愛河岸景觀屋，請記得除濕機或空氣清淨機二十四小時伺候。

四、有飛機飛過

在松山、桃園、台中、高雄等機場的航線下方，都有爲數不少的住宅聚集，而台北市的內湖雖沒有機場，卻也是航線經過地區，台中則是有尖峰跟離峰的問題，想要在附近有機場的地方購屋居住，就必須做這樣的功課：請抬頭，並等待十分鐘，上網查詢航空站的飛航時間，**並且在有飛機的時候聽聽噪音**。

飛機是現代的問題，所以風水上沒有名詞可以解釋，但就從「吵」這個角度來看，內湖有些地方如果剛好飛機飛過，在戶外幾乎無法好好講行動電話。另外，飛機有可能沿著航線而墜落，空難波及民宅也是曾經發生過的潛在問題，這個大煞千萬注意，別以爲兩岸直航都是優點，航班增加的噪音，也會讓你一邊享受房價增值，一邊「享受」噪音席捲而來。

屋外小環境的科學風水

一、你家算不算路沖？

站在社區門口，第一個要看的是馬路。**房子要跟馬路平行**，這樣的住宅住得比較平順，最重要的，一定不可有路沖。台灣的住宅有時會混到工業區、商業區，三不五時萬一大卡車司機不小心睡著，車子就衝到你家大門。低樓層的住家，如果有面對路沖，住在家裡的人老會感覺有車要撞過來，風沿著馬路與大樓壁直衝屋內，不僅風聲颯颯，颱風天猛力一灌，恐怕也有被東西砸到的危險。也別選擇**無尾巷**的房子，尤其是馬路到你家爲止的那種。氣場說法是氣不通順、斷運勢，現實生活中救護車跟消防車在巷內根本難以進出與迴轉，這是個與生命財產安全攸關的救災問題。

二、附近有廟好不好？

廟基本上被房仲業者歸為「嫌惡設施」，就科學風水的觀點，廟對附近的住宅實際上會造成底下幾種影響。一是飛簷都有一堆金鈎，就像幾把刀子對著你家，這是觀感問題，如果不覺得視覺上有什麼衝突，就影響不大。

二是廟的信徒會燒香、金紙，所有的煙都會順著四季不同的風向，吹到旁邊人家，無論空氣污染或是沒燒透的金紙灰，都容易造成住家的危害。第三個是法事，廟每年都有固定的法會要做，越大的廟，法會越大，實際上就是噪音的問題，如果你是白天睡覺，可能都無法開窗休息了。

有風水老師跟我說過，廟會吸收各方靈氣，聚集在廟周圍，越靈驗的吸收越多，尤其是香火旺盛的廟，廟裡廟外會有一度的溫度差距，雖然沒有科學根據，但就像馬總統說的「毛毛的」，心裡比較容易犯忌諱的人就別賭了。當然，行得正就別擔心。

三、靜巷還是大馬路？

大馬路外車水馬龍，巷內住宅比較安靜，但有沒有發現，晚上要回家時會有點恐怖？尤其社會風氣強調節能省碳的今天，路燈開得少，別說女性怕被搶被強暴，連男人有時候都會擔心被歹徒攻擊，況且，你不能依賴監視器，那是事後追查的工具，這種事可經不起萬一。另外，平常寬度低於六米的巷弄間，要注意消防車可否進入。有時候，已經不寬的馬路，還停滿汽車，要留心起碼救護車必須能進入跟迴轉。

門口梯間的科學風水

一、長長走道

同一層的戶數當然是越少越好，但如果你買的是套房，一層十幾二十戶，記得觀察走道是否太長，因爲會導致公設比偏高增加虛坪。走道尾端的房屋比較不好，回家的動線會經過很多戶的門、聽到不同的雜音，情緒容易被干擾。另外，也別選走道有死角的，比如彎道旁，歹徒如容易藏身，尤其整層套房最靠近逃生梯的單位，如果其他住戶沒有公德心，不隨手關門，會留給歹徒犯罪的可乘之機。

二、門口鞋櫃

這不是風水吧？是的，所有的臭氣會來自鞋子與鞋櫃，如果你一打開你那層樓的電梯門，迎面而來的是一陣腳臭，噁。打開大門臭氣會隨著風壓進入你家，更噁。鞋櫃影響逃生，萬一失火濃煙密佈，有可能會因爲鞋櫃阻擋逃生路線，而失去求生的關鍵一秒鐘。鞋子跟腳踏墊也別亂擺，我有鄰居因爲燈光昏暗下，不小心踩到其他鄰居放在門口的鞋子而滑倒，你想，萬一是老人家摔倒可不得了。

三、忌公設住家同一層

有些社區會在各樓層或部分樓層設置公共設施，比如麻將間、宴會廳等等，若住家與公設在同一層，當然使用起來很方便，但嚴格來說既吵又不安全。如果回家前經過一個正在五音不全的卡拉ＯＫ室，大概一天的好心情都會一掃而空。同時，公共設施使用者不全然是社區住戶，有時會帶朋友來，容易產生治安的漏洞。

四、水箱下方

高樓住宅有中繼水箱，這個你必須多加留意，如果你住在水箱正下面，大水壓頂的感覺不好。有時頂樓有游泳池也一樣，雖然風水各門各派說法不一，有的派別說沒有關係，但是，我想說的是關於漏水的機會，如果因爲地震、防水做的不好，你家就比別人更有機會漏水，還是能免則免（良心建商蓋的豪宅則另當別論）。中繼水箱內多半有消防或抽水幫浦，當固定啓動的時候，會有輕微震動發生，你想，三不五時天花板上面有東西在震動，如果你好夢正甜，絕對不宜。

五、面對電梯

如果你實在只能選擇一層多戶的房子，**請盡量別買正對電梯那戶**，當你開了大門要出去，容易被突如其來的人嚇到，而電梯帶來的晦氣，集各方大成，一開門就直接衝進你家中，住久了對身體不好。另外，臥室也盡量別靠著電梯，想想，只要有人搭電梯，就會聽到呼嚧呼嚧的電梯上下聲，三更半夜聽來不是討厭就是恐怖。

住家格局的科學風水

一、廳明暗房

明亮的客廳大家都愛，客廳採光的重要性就不用多說了，臥室明亮白天當然不錯，但晚上要睡覺時，臥室吸收不少白天的熱度，夏天可能要開很久的冷氣降溫，早上也很容易被曬醒。客廳盡量選擇朝南，有好的採光及通風，退而朝東次之，吸收早上比較沒這麼烈的陽光後，屋內仍然充滿能量。朝西有西曬的問題，家中容易熱烘烘的；朝北則是比較陰冷，沒有充足的自然採光，西北雨一來也比較容易漏水。另外，朝北或朝東北的，冬天時東北季風一吹，很冷。

當然座向的部分問題可以透過裝潢改善，客廳太暗就多裝幾盞燈，臥室太亮就裝窗簾，通風問題就利用電扇或熱交換的空調機來改善。不過，建議各位千萬別在天花板上裝結合電扇與燈的電扇吸頂燈，是風水大忌。就像天花板有五六片刀子，在你頭上不斷轉啊轉，萬一哪天沒鎖好掉下來很恐怖，這是潛意識的問題。

二、廁所居中

二十年前建商流行把廁所放在家裡正中間，好處是讓屋裡各房間都可以有採光，也沒有浪費走道的問題，管道間更容易集中，不過對風水來說很不好，沒有自然通風，穢氣四處流竄，得一直開通風扇。而沒有自然採光，有水的廁所容易發潮發霉，黴菌也會四處流竄，對家人健康有很大影響，勢必得多花電費常開乾燥機才能解決。另外居中的廁所也常出現臥室床頭會貼著馬桶管道的牆壁，雖眼不見為淨，但如果隔音不好，當有人使用廁所，沖水的嘩啦聲還是容易讓人睡不安穩。

三、一箭穿心

請看你家格局，廚房通往陽台的門、廚房的門，與客廳的窗戶或門，成一直線，就成爲一箭穿心格局。問題很多，先不說風水，你想，煮飯時，打開陽台門或氣窗，而廚房的門、客廳的窗戶也是常開的，如此一來瓦斯就會順著對流，在家中流竄。另外，這股風也容易將爐火吹熄，風水上的說法是破財，對於負責煮飯的媽媽，因爲老是擔心火會被吹滅、瓦斯會外洩，精神以及健康就容易產生不好的影響。

現在還是有不少建商會採用這種格局，有的是因爲要節省空間，讓廚房的門對著家中的大門，這種更不好，除了上述的瓦斯外洩、熄火外，還有穢氣因爲開了大門而順勢飄進廚房。實在不得已，請讓風轉個彎，搞個玄關或是用屛風、冰箱、長門簾擋一擋吧。

四、門對門

就是臥室的門兩兩相對，或有時是臥室對廚房、臥室對廁所。以風水來說，臥室的門相對，兩間房住的人容易吵架，且難免有時默契太好一起開門，不小心就會撞在一起。臥室門對廚房門更不好，端菜出來的動線容易產生碰撞，煮菜煮飯的熱氣也會擴散到臥室，會讓臥室悶熱和氣味難消。至於臥室門對廁所門，主要還是氣味影響休息與睡眠的問題。門對門的格局很常見，想化解也不難，除了改門的方向外，放片過膝的門簾，然後在門上掛上鈴鐺，出點聲音，自然減少碰到一起的機會。而正對廁所時，只好保持廁所的乾爽清靜，並且在廁所放一盆萬年青，製造氧氣。

五、廚房對門

最糟糕的室內格局，就是廚房門對著廁所門，早些年還有些房子把廁所放在廚房內！你想，煮飯的地方，緊貼著放穢氣的廁所，無論使用廁所的人或是使用廚房的人，都一定不舒服，對健康會有很大的影響。冰箱的門開法也要注意，如果冰箱門正對廁所，也一樣是穢氣入冰箱，而對著爐火也不好，熱度會讓冰箱非常耗電。

六、主臥位置

大部分建商有這個基本概念，主臥室一定是家中大門的斜對角最裡面那間。別說財位、地位的風水說法，位置在最安靜的最角落，才能得到安穩的睡眠，當客廳有人在看電視，也比較不會影響家中主人的安眠。有時因爲坪數大、格局要合併或因爲景觀面，主臥室不見得可以在最角落，此時請考慮自身作息，評估睡眠問題；此外再想想，如果臥房在外側，當你剛起床、蓬頭垢面，才剛打開房門，可能就會遇到共住的家人或剛進門的客人，你不嚇客人，客人也可能會被你嚇到呢！

窗外的科學風水

一、高壓電與基地台

電信公司說：「基地台很安全」，電力公司說「高壓電塔不會影響健康」。我個人是不相信這些話術，看房屋的時候，我總會把頭探出去看看，有時電塔或基地台不在這層樓窗外，可能就出現在下一層樓，或是隔壁棟上面，要看這些細節得要多跑幾趟。我看房屋一定會跑到頂樓去探頭探腦，目的也是要發現有沒有這類問題。這種問題無解，除非你花大錢利用電磁波遮蔽物，比如防電磁波的油漆、窗簾、隔板等等。在意的人每每看到都會頭痛，長期生活壓力很大的。

二、有牆壁刀

無論是臨棟的牆角還是三角形的大樓，正對你的房間、客廳，住的人身體就不會健康，有風水師說可以放山海鎮或是凸面鏡來解，坦白說效果不大，同樣只能關上窗拉上窗簾，眼不見爲淨。像壁刀的影響，還有巷沖。兩邊高樓夾起來的巷子，同樣也像一把刀一樣，大樓造成的強風也會讓你住不安穩。

三、嫌惡設施

凡是醫院、殯儀館、變電所、垃圾場、墳墓、消防隊、警察局，甚至是廢棄大樓，都統稱「嫌惡設施」，讓你覺得很討厭的就是嫌惡，會發出噪音、臭氣、有阿飄可能入住等等。醫院有時是大家考慮老人家就醫方便的地方，然而就算跟醫院隔條馬路，也千萬記得，別選擇正對醫院大門、正對急診室大門、以及太平間大門三種。你以爲這種情況很少見嗎？其實這三種房子在大台北還不少呢，比如亞東醫院正對面、馬偕醫院正對面等，越大的醫院，你看到必須打馬賽克的畫面就越驚心動魄。而消防隊跟警察局，三不五時也會有「事情」，有時高樓的窗邊就可以看得到，怕吵的人要有心理準備。

四、反光玻璃

晚上看屋、陰天看屋、或是早上看屋，除了看採光之外，留意對面房子的窗戶是否貼著反光貼紙或用反射玻璃，因爲反射的強光會讓人很不舒服。我自己的經驗則是，夏天的早上某個角度，旁邊公寓頂樓加蓋的鐵皮所反射的強光，令人覺得很討厭，必須拉上窗紗才能阻擋這個惱人的問題。但這種問題很難察覺，我住了半年才發現，幸好那一棟樓沒有反射玻璃，要不然可能一年有六個月的時間，都將受到強光肆虐。

五、有高架橋

家旁有高架橋，既吵空氣也不好，風水稱爲「攔腰煞」，千萬別貪房價便宜而住在這種格局裡，別說沒有隱私無法開窗，一旦開窗一天，家裡地板就鬧沙塵暴啦！

低於高架橋的格局比較不吵，缺點是天空不見了，空氣仍然不佳。高於高架橋的，噪音因爲有垂直傳導特性，很難閃避。有捷運高架段的、有人行天橋的狀況也都一樣，現在台北市內湖捷運旁幾個社區，哪怕當年買的時候是湖景第一排，還房價貴一些，現在都成爲住不安穩的格局了。

捷運利用電流帶動車廂前進，整條捷運就猶如高壓電塔般的在市區穿越，除了噪音跟隱私不佳外，還多了電磁波，請謹愼留意。

【附錄】

打敗黑心建商好用工具-1

挑屋、交屋實戰圖解

破解1：來逛樣品屋

破解2：掃描大環境

破解3：看屋要留心的重點

破解4：內行人教你的公設點交原則

破解5：監工要看什麼？

1來逛樣品屋

和你家完全無關的豪華樣品屋

❶ 建商花錢打造接待中心毫不手軟，動輒好幾千萬元，最貴好幾億元，利用大片水景塑造華麗夢想，但是要記得，接待中心跟未來的房屋一定不一樣。

❷ 光是大門片就有五米高，準備走入深宅大院的夢想嗎？記得隨時保持清醒，別被花大錢的排場所震撼。

1

2

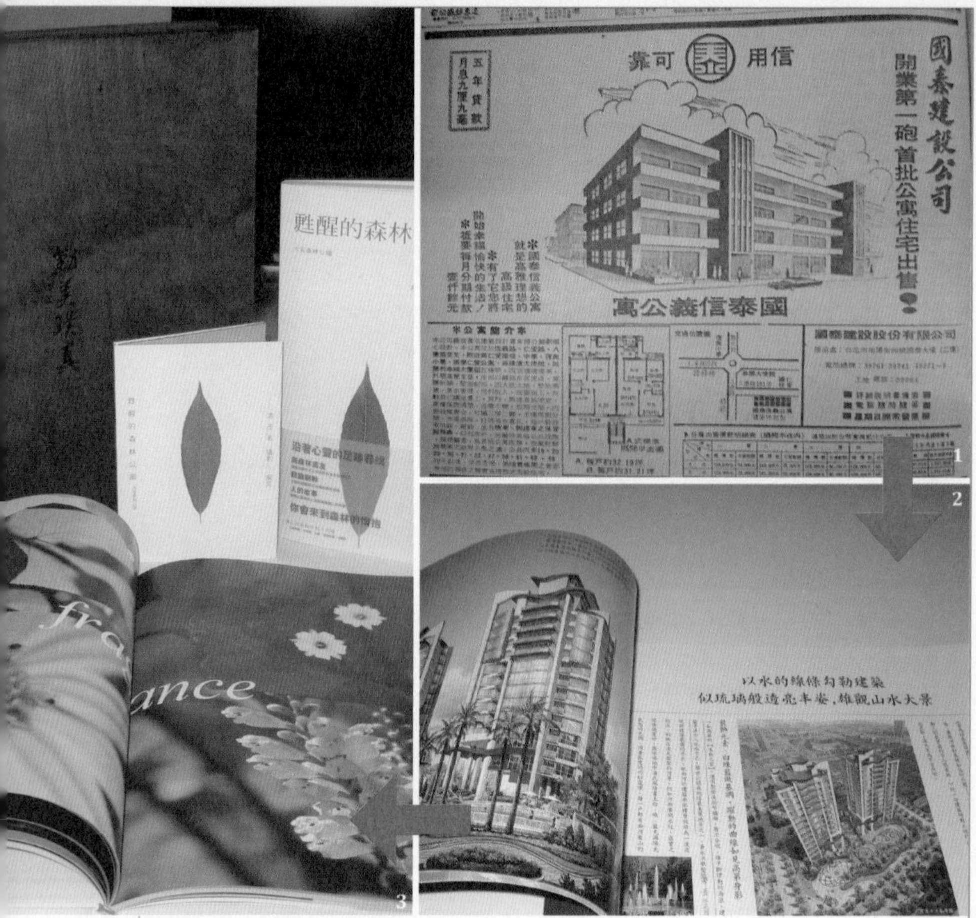

豪宅說明書的進化歷程

1.樸實版

❶ 看看以前的舊廣告，多麼純樸，這可是當年的「豪宅」呢！

2.普通版

❷ 十年前的豪宅，還只是用薄薄一本普通印刷品告訴你我在賣啥葫蘆。

3.豪華版

❸ 現在流行做得像精裝書的廣告說明書，漂亮的照片，充滿哲學意味的字句，尤其那個實木木盒啊，嘖嘖嘖……

1

2

樣品屋不會告訴你的真相

❶ 只要拿掉客廳旁的房間牆面，看起來就寬敞許多。最常見就是把客廳和小到只能放書桌的書房打通。

❷ 看起來根本是溫泉湯屋的超大浴室、降版浴池，是建商必備的手段之一，其實建商賣的是毛胚屋，啥都沒有給你，一切請自費打造（或自費選配）。

❸ 在台北起碼一年有十個個案這樣告訴你：「生活就是要喝好酒、有華麗餐廳展現你的豪奢品味。」在餐廳旁放一排比美五星飯店的酒櫃，是樣品屋常見招數。

❹ 有沒有看到馬桶旁的地板，鋪的是長毛地毯？很夢幻的生活「示意」景象，但是不實用。

5 有中島料理台的廚房，也是建商選配的建材之一。同樣的，也是造夢的老梗！

6 這個寬兩米的陽台，粗估有五坪大，若是豪宅，一坪一百四十萬元等於要價七百萬元，就算一般三十坪的房屋，也要值一百五十萬，不實住但很養眼。

！！這是鏡子，不是真景。

要注意牆的厚度。！！

7 樣品屋都會利用鏡子反射，看起來比較寬闊氣派，通常高度也會偷偷拉高，拿尺一量就知分曉。

8 樣品屋絕對不會有室內門，有良心一點的建商牆壁會做跟成品一樣厚，沒良心的通常就薄薄一片。

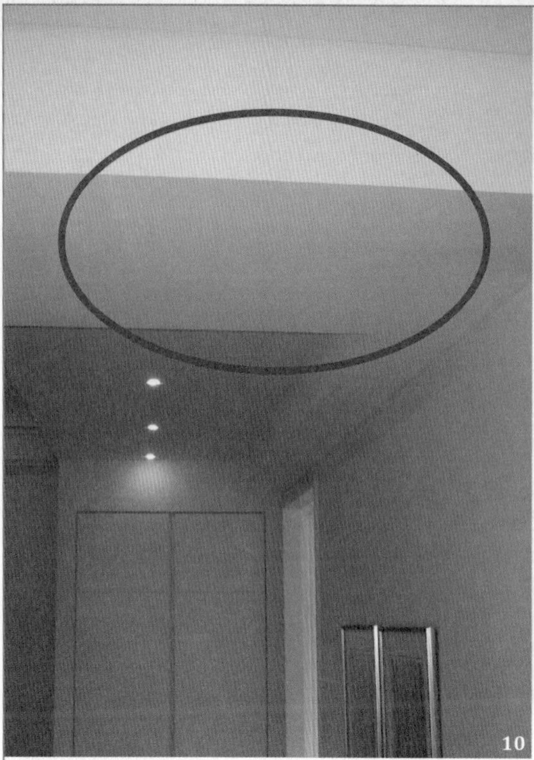

10

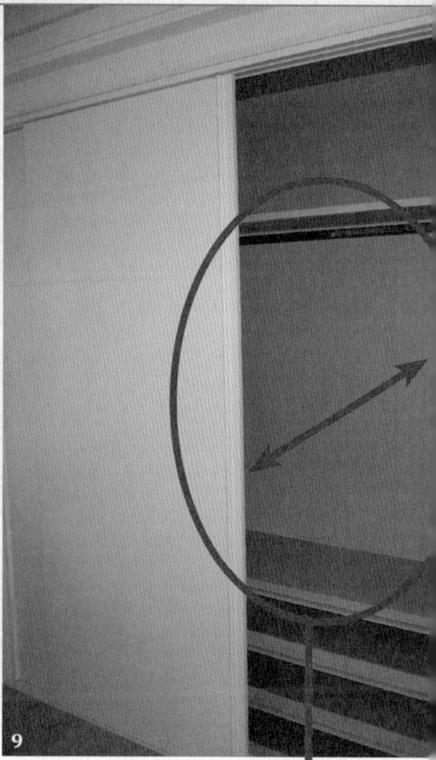

9

！！一般衣櫃深度至
有60公分以上。！！

11

9 衣櫃是樣品屋最容易做假的地方，通常會做薄薄的讓你覺得臥室比較寬敞。

10 屋內一定有樑柱，良心建商會在樣品屋內做出來，讓你知道未來這裡有樑，不過這種算是少數，通常都不會讓你發現有這玩意。

11 不管建商給你看哪些美麗的圖片，請隨時索取整本的藍曬圖，並拷貝你那一樓層、一樓平面圖、地下室停車位圖等，上面都有正確尺寸讓你核對。

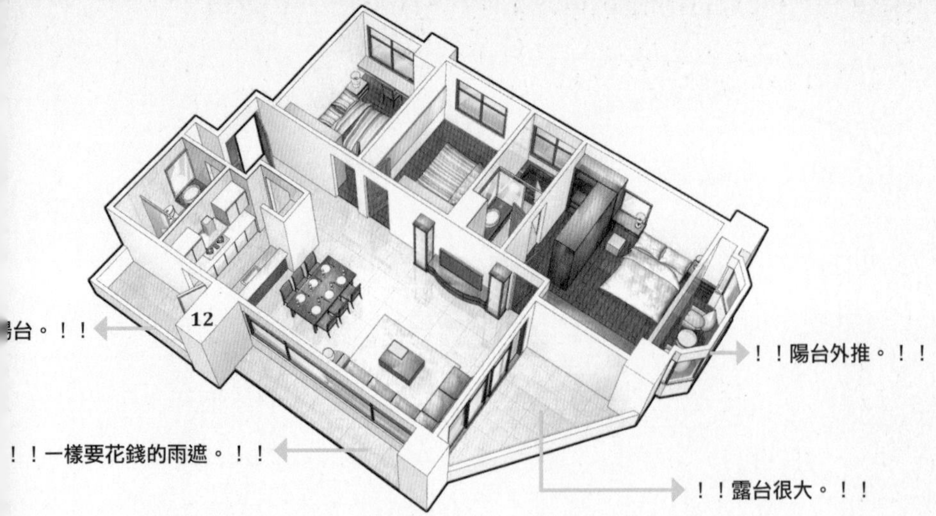

12 平面圖很美麗夢幻吧？本圖其實有四個地方要注意：1.主臥室有陽台外推。2.客廳外是以三分之一價計的露台。3.廚房外有工作陽台，要看面積大小。4.客廳旁還有一整片用不到卻要算錢的雨遮。

13 建築模型可以發現一些小秘密：比如它有一整排的雨遮與陽台，看你需不需要這麼多「戶外」空間，這些可都要算錢的。

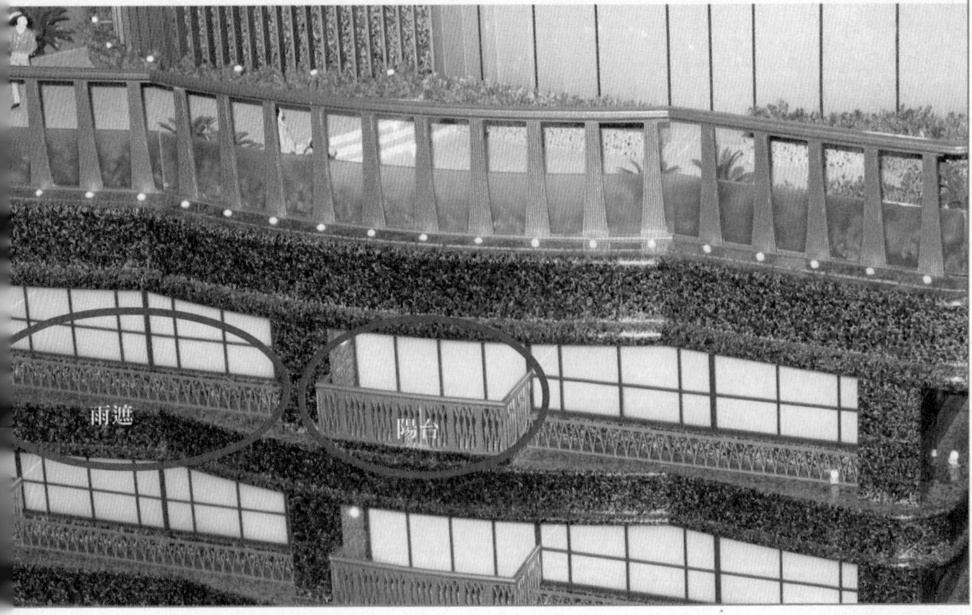

2掃描大環境

和風水、健康大
關係的問題環境

❶ 有沒有看到躲在新大樓後面的大哥大基地台？看房屋時，不但要開窗四處看看，最好也上你看的這棟及對面的大樓的頂樓往下看看，才有眞相。

❷ 板橋新站特區有完整的板橋豪宅群，不過，到處都是一線天，景觀全無，重劃區的開闊只存在夢想裡頭。

3

❸ 高壓電塔也是嫌惡設施之一，影響健康跟運勢，如果銷售人員告訴你可能會拆除，請自行再去找台電審問比較準。

❹ 台灣到處都有廟，可是當你發現，夢想中的房屋前方有廟，就該多加留意風水問題。

4

2

當心 山坡地住宅

❶民眾已對山坡地聞之色變，不管是不是順向坡，一定要跟建商索取地質調查報告，以及上網搜尋是否過去曾經有沒有崩塌過。

❷V型山谷有可能是過去河道痕跡，也有可能因爲曾經崩塌而出現V型，請謹慎留意這類地形附近的房屋。

！！6米以上。

正對路沖！！

避開路沖

❶ 住家正前方的馬路環境，會左右住者安寧，如果沒錢買河景第一排，找個安靜寬敞巷子也不賴。

❷ 路沖的房屋，尤其是低樓層住家，風水不佳，建議避開。

3看屋要留
的重點

和保値息息相
公共空間學問

❶ 看社區第一眼要看櫃檯，必須是整齊清
管理人員也要衣著乾淨。

❷ 小細節如滅火器，要隨時觀察，成爲居
全的指標。

❸ 連電梯內都有施工用的防撞措施，該社
戶素質跟管理素質必然不差。

4 同樣的，留意公共外牆，外牆磁磚有無洩水貼法，未來窗戶就比較不容易積水，不過右邊磁磚有些貼歪，稍有瑕疵。

5 看屋時，經過信箱間就要順手看看，有時欠費通知或是斷水電的證明，或是房屋租售訊息，在信箱上一目了然。

6 轉角格局要留意，是否有兩戶大門相撞的機會與問題。免得到時兩家人不能同時進出，得你讓我、我讓你。

7 如果社區有游泳池，除了了解寬度與深度，也要看池邊有沒有安全泡棉或是圓弧磁磚，以免小朋友細嫩的肌膚被刮傷。

！！保護墊。！！

好貴的「雨棚」

1

❶ 你家一坪多少新台幣？雨遮佔越多，就浪費越多！雨遮有遮雨的功能，例如圖1可以利用欄杆內空間放置冷氣主機，只要一點點就足夠，這算是有良心的設計。

❷ 不管是眞的陽台還是這種看起來像陽台的雨遮圖2，房價一坪多少錢，這些地方就多少錢，因爲通通可以列入產權登記。

！！實用又不必花大錢的雨遮。

價值50萬，但只能擋雨的雨遮！！

檢查房子最「素顏」的角落

❶ 廁所天花除了建築的素顏可瞧，也要留意通風機是否有風管接到室外。

❷ 裝潢屋或是中古屋都有美麗的外觀，可以利用維修孔，打開潘朵拉的盒子。

❸ 浴室要看磁磚，留意地板與牆壁有沒有線對線，這是六十分的基本門檻。

❹ 雖馬桶不算太值錢的建材，卻是可以透露出建商的黑心程度，這顆看起來很名牌的馬桶，可是每次使用後都要另外用強力水柱才沖得掉髒污。

1

2

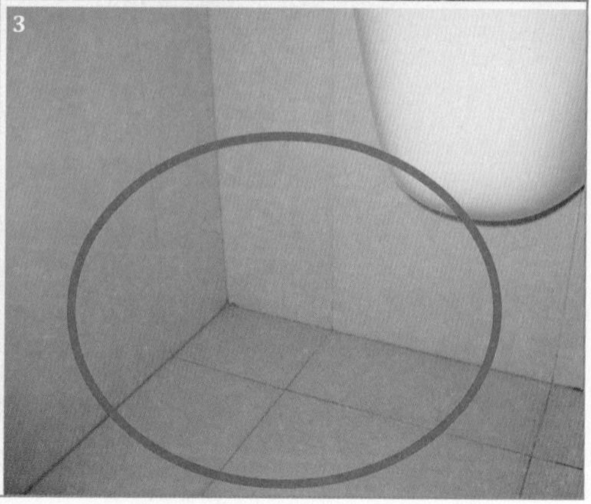

3

4

防水工程要做好

❶ 部分建商施作浴室防水多只做浴缸附近或淋浴間，良心建商會整間浴室都施作防水工程，起碼一底兩度的上防水漆。

❷ 浴室轉角的防水必須更加強，以免年久積水而滲漏至下一樓層，監工時可以多提醒施工者留意。

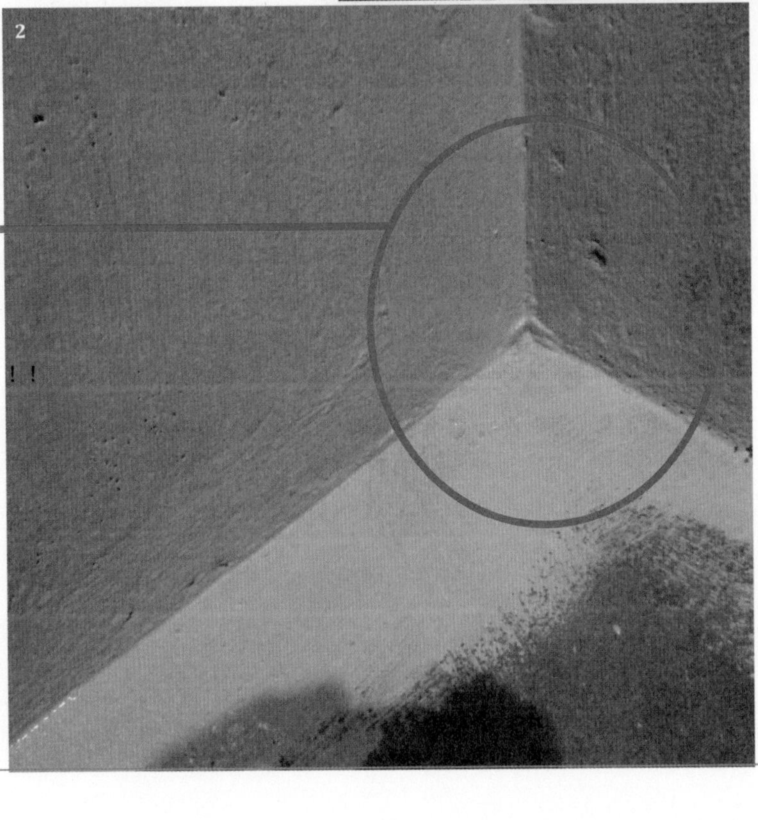

！！轉角須加強。！！

檢查「不列加」

打開電源箱，檢查一下是不是房屋的不同區域都有獨立的變壓開關。

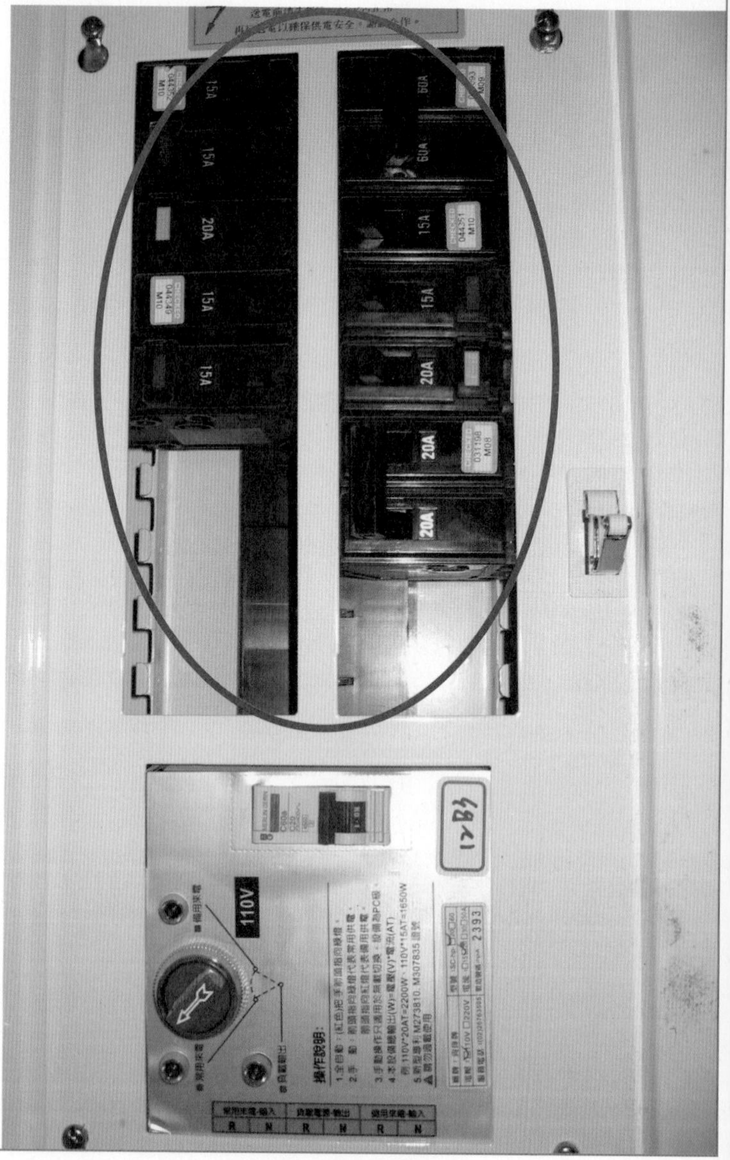

4 內行人教你的

公設點交原則

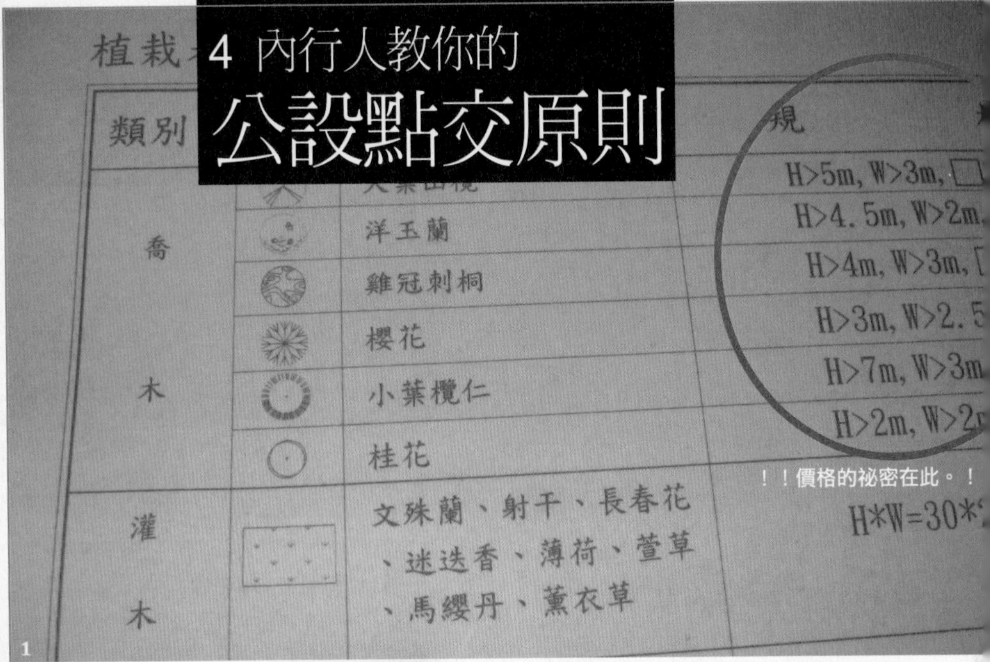

！！價格的祕密在此。！

大樹小樹差很大！植栽也要斤斤計較

❶ 房屋完工後，建商必須依合約提供社區所有項目，點交時記得利用建築藍曬圖來確定，比如植物的數量與「大小」，圖說內都有注明清楚樹要有多粗多大棵。你要知道，一棵櫻花樹的價格可以從五千元到一百萬元不等呢！

❷ 如果你以爲院子裡的樹高不高跟你家沒關係，那就是黑心建商最好摳錢的細節。另外也要注意大廳光線充足，白天就不用浪費電費開燈，氣場也自然充足。

發電機是大廠牌還是混血牌？

❶ 緊急發電機就像大樓的引擎，停電時全靠它，也是黑心建商最容易「偷」的地方。

❷ 發電機上都有標示清楚，請留意出廠年份跟噸數大小。

❸ 明明就是大陸的用詞，卻貼在台灣品牌中興牌發電機上？

❹ 這寫更清楚，上海來的。

1

2

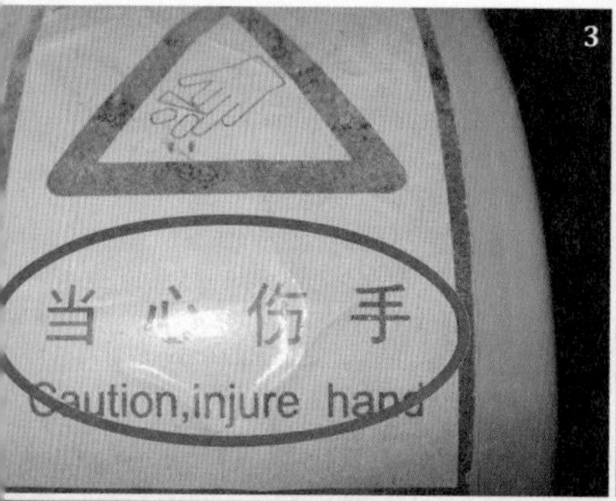

3

4

污水處理設施要追根究底

❶ 污水機房要能運作，才能解決整個社區的污水，萬一被建商東摳西省沒處理好，整棟大樓都會臭。

❷ 管道間順手打開來看看，有時臭味可能來自這裡。

❸ 污水管道連通大樓各樓層，如果沒有密封，臭味就會四散。

1

3

2

❹ 位於地下室的孔蓋，打開來就是一個個化糞池，建商賭你不會打開來看，自然是黑心的好地方。

❺ 化糞池打開後就是社區的所有髒污，如果地下室埋著一個沒有作用的污水系統，隨時有可能爆開來。

❻ 污水機房有標示平面圖，黑心建商有可能會跳過幾道步驟而讓整個污水處理沒有效果。

4

5

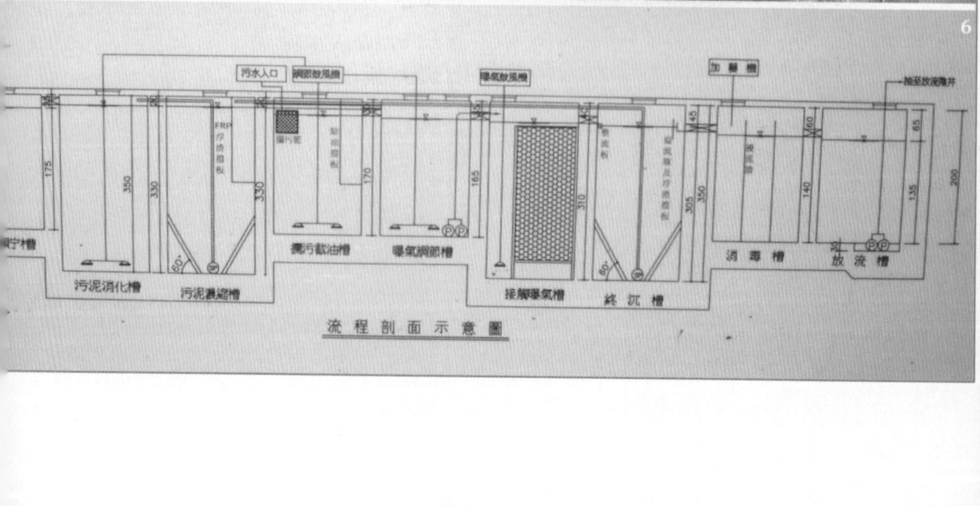

6

5監工要看什麼？

1

2

❶ 施工時，鋼筋要依結構設計圖面計算
量綁好，如果你買的是預售屋，三不五時
偷看一下，有沒有隨便偷工，少綁一排。

❷ 樓層鋼筋綁完，在灌水泥之前，好的
會仔細檢查有無垃圾或菸蒂等雜物。

3

❸ 每一車水泥在灌漿前，都要測試氯離子含量，以及施作坍度測試，太稀的水泥缺乏堅固的強度。

❹ 近幾年開始流行隔震大樓，有效果的隔震，要有整層的隔震層，並且在每根柱子都要做隔震器，才能發揮效果。

4

【附錄】

打敗黑心建商好用工具-2

賞屋評鑑表

公設點交表

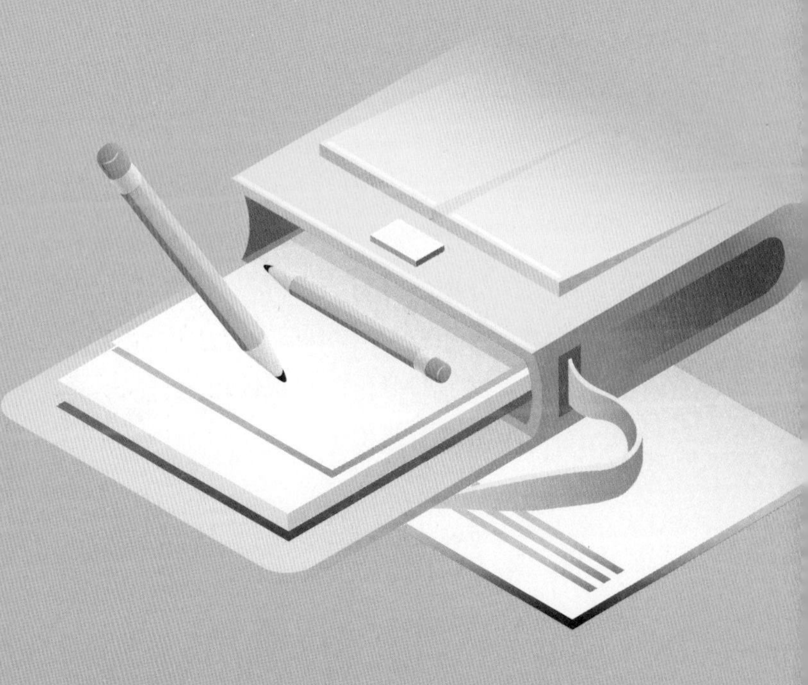

賞屋評鑑表

利用本表，可以幫助你在看房屋時，一邊看一邊光明正大的做筆記，以免被華麗的裝潢或設施、銷售人員的舌燦蓮花所矇蔽，無論預售、新成屋、或是中古屋都適用。

一、外部環境

❶環境：□清幽□一樓有店面的住宅區□熱鬧大馬路上

❷學區：□步行有名校□只是一般學校學區
□沒有，要搭車

❸市場：□步行五分鐘有傳統市場□附近有超市
□沒有，要搭車

❹交通：□附近有捷運站□有公車可以轉乘捷運
□要自己開車或騎車

❺公園：□正對大公園□散步一下有公園□沒有

❻醫院：□開車五分鐘有大醫院□走路五分鐘有大醫院
□附近只有小診所

❼寺廟：□步行三分鐘內沒有□步行三分鐘內有小寺廟
□旁邊有大寺廟

❽電塔：□沒有，電線地下化□有電線桿
□有高壓電塔電纜經過

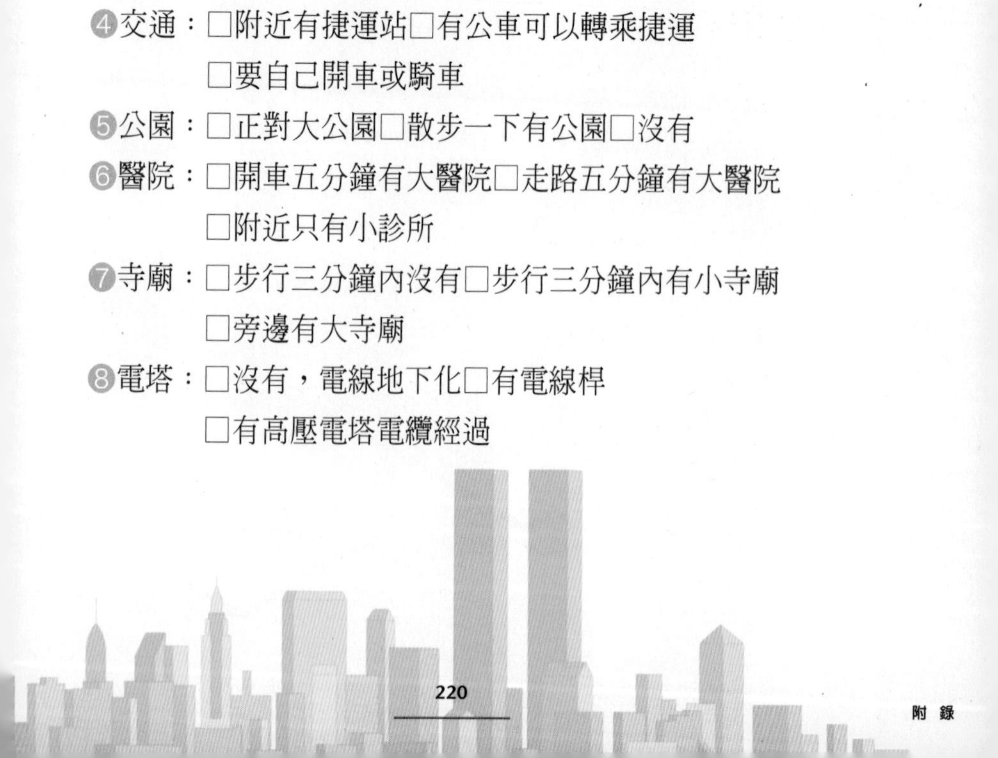

❾臨棟：□屋齡相近大樓成群□公寓與大樓混雜
□全部是公寓

❿其他：□沒有嫌惡設施□有警察局或廢棄大樓
□消防隊、殯儀館等

二、大樓外在

❶外觀：□名家設計，全棟石材□一般建築，部分石材
□貼瓷磚

❷馬路：□二十米或更寬的馬路旁□巷內，有寬十米路
□只有六米巷

❸一樓：□零店面□少數店面□整排都是，起碼十間店面

❹環境：□沒有路衝□馬路歪斜□有路沖

❺寧靜：□安靜□偶有飛機經過或是車流量高
□旁邊有工廠

三、大廳公設

❶警衛：□戒備森嚴□有警衛老伯伯□沒有警衛

❷保全：□室內外多處監視器□室內有監視
□只有電梯跟大廳

❸公設：□管理得當□有些公設如游泳池封起來不用
□又舊又髒

❹櫃檯：□飯店式管理服務□一般辦公桌放在門口
□沒有服務

❺廁所：□每日清潔氣味清新□有點亂，部分有發霉
□沒有廁所或是髒臭

❻隔音：□有人大聲唱歌也聽不到□有些吵，關門就還好
□聽得到噁心歌聲

❼亮度：□明亮，晚上才需要開燈
□有些角落沒開燈暗暗的□白天都是暗的

❽透視：□從外面只能看到櫃檯
□可以從外面看到信箱或電梯□大門永遠開的

❾植栽：□定期整理，造景美麗□有些枯枝亂葉
□住戶自己擺盆栽

❿燈光：□晚上定時外觀夜景投射燈□節日才開外觀燈
□沒有這個

四、樓層間

❶戶數：□一層一戶□一層兩戶□一層三戶以上

❷電梯：□兩部以上，有分客梯與貨梯□就兩部電梯
□一部電梯或沒有

❸採光：□明亮，有自然採光□有自動感應燈裝置
□省電，都關起來

④消防：□有排煙及偵測、滅火等裝置□有滅火器
□啥也沒有

⑤鞋櫃：□乾乾淨淨啥都沒有□有一些鞋子放門口
□有鞋櫃跟雜物

五、室內格局

①座向：□座北朝南□座西朝東□朝北或朝西

②採光：□三面開窗□兩面開窗□單面開窗

③格局：□方正□長條有缺口□彎來彎去

④客廳：□方正開闊四米以上寬、深
□三米以上方正獨立空間□三米以內

⑤餐廳：□方正有採光□過道處□沒有

⑥廚房：□ㄇ字型寬敞有採光□一字型獨立廚房
□一字型開放小廚房

⑦臥室：□放雙人床跟大衣櫃也不覺得壓迫
□放不下梳妝台□空間很擠

⑧衛浴：□四件式乾濕分離有採光□不大有採光
□沒開窗狹小

⑨陽台：□有工作後陽台□一堆陽台要外推□沒有陽台

⑩雨遮：□窗戶外有二十公分寬□有五十公分寬
□只要是窗戶全部都是雨遮

六、建材

❶地板：□石材或實木地板□拋光石英磚或海島型木地板
□一般地磚

❷廚具：□鋼琴烤漆櫃體□有造型櫃體
□一般美耐板或水晶面板

❸衛浴：□一級進口品□和成牌
□看起來像山寨品的英文品牌

❹窗戶：□YKK、中華等氣密窗□力霸錦鋐氣密窗
□普通鋁窗

❺監控：□情境管理系統□螢幕式監控
□只有電話機接一樓

❻樓厚：□使用隔音樓版，隔音佳□厚度二十公分
□一般，十五公分

❼制震：□半數以上樓層裝有制震設備□約一半樓層裝
□沒有或裝幾根

❽電力：□全戶不斷電□冰箱插頭不斷電
□沒有這個系統或是只有電梯有

❾空調：□分離式冰水主機系統
□有統一位置的分離式冷氣□隨便都可

❿大門：□雙開雕花防爆門□很重的防火門
□一般鐵門或銅門

總計得分：

注：分數計算

各題目選第一項得兩分，選第二項得一分，選第三項沒有得分。分數越高，代表房屋等級越好。當然，如果你對某些選項認為比重要加強，可以自行調整，比如絕對不喜歡家對面有墳墓，縱使其他項目都滿分，對你來說也是間不好的房屋。

公設點交表

項目	內容	備註
準備會議	**人員**：管委會、建商、專業人員 **內容**：針對點交內容與行程做確認，以及分配多組進行點交，以一位管理委員搭配一位建商代表與一位專業點交人員做為一組。	專業人員（代驗廠商）提供點交經驗與驗收表格，並先行看過社區公設狀況，在正式點交時可以馬上請建商修改或提出解釋。
圖說提供	**人員**：管委會、建商、專業人員 **內容**：提供全社區應有之圖說，包括建築圖、竣工圖、消防圖說、水電圖說、結構圖說等，以及公共設施之說明書及防火證明文件	管委會或專業人員（代驗廠商）可依照圖說，進行圖審，或是了解公共設施將有哪些細項必須驗收清楚。

項目	內容	備註
建築點交	建築物及外觀、景觀設備、公共設施項目與內容、廣告或合約項目	查閱圖說及廣告、買賣合約書，點清楚共有幾台跑步機、外觀有無依設計圖施工、大廳等裝潢是否與廣告相符。
機電設備	緊急發電機、電力配電箱、弱電系統、監控系統、電梯設備、機械停車設備	所有設備必須完好並可使用，緊急發電機一定要開啓測試，並檢查油煙是否順利排放。
消防設備	建築物及二次施工、防火區隔及建材、警報系統、消防設備、逃生燈具、滅火裝置	各分組人員要逐層檢查，並檢查所有的警報感應裝置，也該留意滅火器是不是快要過期。
給排污水	給水設備、排水設備、污水設備、游泳池項目	污水池一定要全部打開檢查，並啓動驗收是否順利運作與排放。

項目	內容	備註
提交報告	初驗完成	將全部缺失詳列，如果外觀髒污、水箱長青苔、或是哪一塊瓷磚破裂，都可寫上。
修繕完成	準備複驗	針對初驗缺失進行檢查，同時如果有新發現問題，仍可補上。
點交完成	主委簽字確認	所有驗收完成後，管委會的主委才可簽名，表示公共設施驗收無誤，可以開始進入保固時間，如後續有發生小瑕疵，仍可請建商在保固時間內修繕。
基金入庫	建商依法預繳之管理基金入管委會帳戶	管理基金可轉為定存賺取固定利息。

好點子 02

黑心建商的告白

作者	Sway
責任編輯	韓嵩齡、莊樹穎
校對	韓嵩齡、莊樹穎、Sway
封面、內文設計	頂樓工作室

出版者	推守文化創意股份有限公司
發行人	周永欽
總經理	韓嵩齡
總編輯	周湘琦
印務發行統籌	梁芳春
行銷業務	梁芳春、衛則旭、汪婷婷
網址	www.pushinghanz.com
發行地址	06台北市大安區敦化南路一段245號9樓
電話	02-27752630
傳真	02-27511148
劃撥帳號	50043336　戶名：推守文化創意股份有限公司
讀者服務信箱	reader@php.emocm.com
總經銷	高寶書版集團
地址	114台北市內湖區洲子街88號3樓
電話	02-27992788
傳真	02-27990909

初版一刷	2010年 7 月 5 日
初版十一刷	2010年 9 月 15 日
ISBN	978-986-6570- 26-1

國家圖書館預行編目資料

黑心建商的告白 / Sway著. -- 初版. -- 臺北市 :
推守文化創意, 2010.07
面； 公分. --（好點子系列：2）
ISBN 978-986-6570-26-1 (平裝)

1.不動產業 2.投資

554.89 99012006

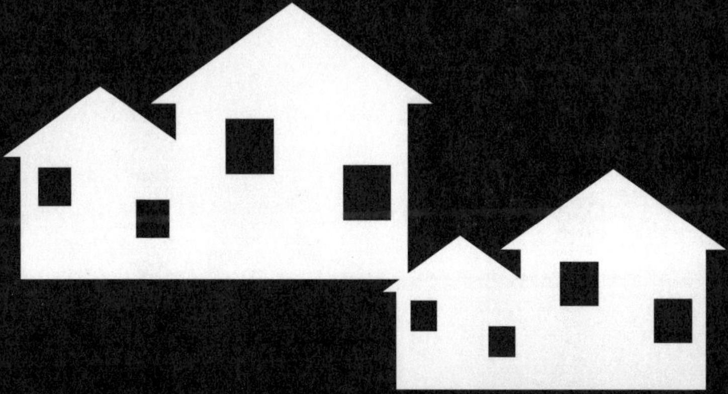